KATJA MUTSCHELKNAUS

Wo's in Bayern am besten schmeckt!

Der Bayern-Guide zu den besten Wirtshäusern, Biergärten, Hofläden und Restaurants

WILLKOMMEN DAHEIM!

Hundert Jahre wird der Freistaat heuer. So ein Jubiläum verführt zum Romantisieren. Die gute alte Zeit! Aber Verklärung ist nicht angebracht. In den Wirtsstuben des Freistaats ging es bei dessen Gründung 1918 ziemlich hemdsärmelig zu. Man verstand sich damals auf die Kunst der gepflegten Wirtshausrauferei. Das Paradoxon der sogenannten leichten bayerischen Küche war noch nicht in der Welt, und anstelle eines Schnitzels briet die Wirtshausköchin in der Regel eher ein Ochsenhirn oder Kälberfüße im Butterschmalz aus.

DAS GEWISSE ETWAS

Trotzdem sehnen sich heute immer mehr danach, im bayerischen Wirtshaus eine ursprüngliche Küche zu erleben. Mir geht es nicht anders: Wenn ich merke, dass ein gastronomischer Betrieb auf pseudo macht und seinen Charakter verleugnet, werde ich grantig. Ursprünglichkeit bedeutet, die Tradition zu pflegen, ohne die Gegenwart zu verraten. Und die fordert handwerkliche Qualität, artgerechte Tierhaltung, eine saisonale Produktauswahl und eine tagesfrische Küche. Meist sind es Familienbetriebe, die den nachhaltigen Trend zur Qualität mit vollem Herzen bejahen und in dem Sinne vorangehen. Ob Biergarten oder Brauereigasthof, Hofkäserei, Wirtshaus oder Restaurant: Die Zahl der Betriebe, die Slow Food unterstützen, Bio-Produkte bevorzugen und ihren ureigenen Charme haben, ist gestiegen. Solche Adressen habe ich für meinen Genussführer ausgewählt. Mal ist es ein besonders kinder- und familienfreundliches Haus, mal ein Ausflugslokal, mal ist es klein und fein, mal laut und fröhlich. Aber alle haben das gewisse bayerisch-fränkisch-schwäbisch-oberpfälzer-allgäuerische Etwas, das das Lebensgefühl im Freistaat so einzigartig macht. Und uns Gästen das Gefühl gibt, daheim zu sein.

Ihre
Katja Mutschelknaus

Inhalt

Oberbayern

Was den Bezirk kulinarisch einzigartig macht, ist nicht unbedingt der Kanon aus Bergblick, Brezn, Schweinsbraten und Bier – derlei Insignien bayerischer Behaglichkeit findet man auch andernorts. Augenfällig ist vielmehr die wachsende Zahl biologisch wirtschaftender Betriebe. Die Zusammenarbeit von Bio-Landwirten, engagierten Gastronomen und Gästen, denen Qualität zunehmend am Herzen liegt, macht das Essengehen hier mehr und mehr zum Vergnügen.

Biergarten. Spielplatz. Streichelgehege

Hof-Biergarten Grenzebach

Wiesen, wohin man blickt! Voller Gänseblümchen und Löwenzahn, flankiert von Platanen und Kastanien, Rosenbüschen und Schwarzäugiger Susanne. Das Wort „Garten“ hat in dem als Geheimtipp geltenden Biergarten einen wahren Kern: Man sitzt bei süffigem Bio-Bier oder bei Bio-Limo nicht auf knirschendem Kies, wie weiland in den allermeisten Biergärten. Sondern mitten im Grünen.

So nah und gar nicht fern: das Biergarten-Paradies im Süden von München.

BLÜTENMEER

Kommt man im Mai hierher, kann man auf dem Weg nach Stillern sogar durch ein blaues Meer aus Abertausenden wogenden Irisblüten radeln. Die Auen am südlichen Ammersee-Ufer sind ein überregional bekanntes Schutzgebiet der seltenen sibirischen Schwertlilie. Sie entfaltet sich hier in den schönsten Violett- und Cremetönen – ein Maler wie van Gogh hätte sich an diesem poetischen Anblick geweidet.

VOM FELD AUF DEN TELLER

Weideland war die Gegend im Schwemmland der Ammer tatsächlich schon im frühen Mittelalter. Einst graste hier das Vieh des nahe gelegenen Hochschlösschens Pähl. Heute sind die Wiesen rund um den Stillern-

Hof das Zuhause von munteren Schafen – und auch ein Zuhause auf Zeit für all die vielen Wanderer und Radler, denen eine herzhafte Biergarten-Brotzeit gleich noch mal viel besser schmeckt, wenn sie Ökoqualität hat. Im Hof-Biergarten wird die Gulaschsuppe aus bestem Fleisch frisch gekocht; die Ripperl, der Wurstsalat, das Tellerfleisch und die Currywurst, ja sogar der Leberkäs und der Presssack – alles vom Bio-Metzger. Zur Brezn gibt's Sauerrahmbutter, für die Gemüsesuppe wird das Bio-Gemüse frisch geschnippelt. Eine Küche, bei der man sich wie daheim fühlt!

RADLERPARADIES

Es heißt, gleich hier in der Nähe habe früher mal ein Einsiedler-Mönch gelebt, der durchreisende Pilger und Kaufleute verköstigt habe. Bei Stillern kreuzen sich jahrtausendealte Handelswege über die Alpen, die Via Julia und die Via Claudia Augusta. Wohl deshalb sagen die Wirtsleut' hier gern, viele Wege führen nach Rom, aber nur einer nach Stillern. Das würden all die Radler, die hier so gerne Rast machen, nicht unterschreiben. Das Wort „Radlermaß" hat hier nämlich ebenfalls seine wortwörtliche Berechtigung. Denn viele Radrouten führen nach Stillern. Und wer hier einmal zu sitzen kommt und in der Sonnenwärme unter Bäumen eine aus frischen Tomaten zubereitete Suppe genießt, will gar nicht mehr unbedingt nach Rom.

Hier geht's rein: Gleich zwei beliebte Radl- und Wandertouren führen durch Stillern.

Hof-Biergarten Grenzebach
Stillern 1, 82399 Raisting
Tel.: 08809 862 (und -675)
www.hof-biergarten.de
Öffnungszeiten: Ostern–Oktober bei Biergartenwetter Sa., So. und an Feiertagen ab 12 Uhr, Mai–August zusätzlich Do. und Fr. ab 17 Uhr

Mit dem Rad: *von Dießen oder Herrsching aus (S-Bahn 8 von München) über Raisting nach Stillern. Hier kreuzen sich viele Radrouten, z. B. der Weilheim-Wessobrunn-, Pfaffenwinkel- und Ammerland-Radweg sowie die Ammersee-Südroute.*
Zu Fuß: *Stillern liegt auf dem König-Ludwig-Fernwanderweg und auf der Route des Jakobswegs.*
Ausflugsziele in der Nähe: *Ammersee, Herrsching und Kloster Andechs, Dießen mit Marienmünster, Carl-Orff-Museum und Dießener Töpfermarkt (jedes Jahr um Christi Himmelfahrt).*

Dahoam-Faktor

- Das Glück liegt auf der Wiese
- Geheimtipp der einheimischen Radler

Nicht zu toppen!

OBATZDA

mit Radieserl und Brezn

Zutaten für 4 Personen

1 kleine Zwiebel | 50 g weiche Butter | 250 g reifer Camembert (Zimmertemperatur) | 100 g Doppelrahmfrischkäse | ganzer Kümmel | Salz
Pfeffer aus der Mühle | Cayennepfeffer | ½ TL Paprikapulver (edelsüß)
1 Bund Radieserl | einige Halme Schnittlauch

1 Die Zwiebel schälen und in kleine Würfel schneiden. Von der Butter 1 TL abnehmen, in einer Pfanne erhitzen und die Zwiebelwürfel darin andünsten. Herausnehmen und abkühlen lassen. Die restliche Butter in einer Schüssel schaumig rühren.

2 Den Camembert in kleine Würfel schneiden und zur Butter in die Schüssel geben. Mit einer Gabel fein zerdrücken und den Frischkäse unterrühren. Die gedünsteten Zwiebelwürfel unter die Käsemischung heben. Kümmel im Mörser fein zerstoßen. Den Obatzdn mit Salz, Pfeffer, je 1 Prise Kümmel und Cayennepfeffer sowie Paprikapulver abschmecken und mindestens 1 Stunde ziehen lassen.

3 Das Grün der Radieserl bis auf etwa 1 cm kürzen und die Wurzelansätze mit den Fingern abzwicken. Die Radieserl waschen und abtropfen lassen. Den Schnittlauch waschen, trocken schütteln und in kleine Röllchen schneiden.

4 Den Obatzdn in ein Schälchen füllen, mit dem Schnittlauch bestreuen und mit den Radieserln servieren. Dazu passen resche Laugenbrezn oder frisches Bauernbrot – wer mag, serviert noch reichlich Zwiebelringe dazu.

TIPP

Schön reif muss er sein, der Käse, der in den Obatzdn kommt. Der Käse wird mit einer Gabel „zerbazt“ und mit den übrigen Zutaten zu einer cremigen Masse vermischt. In Franken findet man ihn als „Gerupften“ oder „Angemachten“ auf der Speisekarte. Wer mag, rührt am Schluss noch 1 Schuss Weißwein oder 2 bis 3 EL Weißbierschaum unter die Käsecreme.

Urthalerhof

Wirtshaus. Biergarten. Hoflad'n

Seit gefühlten Urzeiten huldigt dieses familienfreundliche Wirtshaus der Dreifaltigkeit: Papa bestellt eine Haxe, Mama Salat, und für die Kinder gibt's Kaiserschmarrn. Zwar bietet der Urthalerhof auch Schmankerlwochen rund um Spargel, Salat und rein Vegetarisches an. Aber er ist und bleibt ein Pilgerziel für Fleischjünger, nicht nur aus dem Pfaffenwinkel!

OCHS VORM BERG

Artgerechte Lebenshaltung bedeutet für das bayerische Urviech: Frischluft unterm weiß-blauen Himmel, Panoramablick auf Felder, Wälder und Höhen und natürlich: immer etwas Kräftiges zu beißen. Das Fleckvieh von Wirt und Landwirt Luggi (auf gut Zuagroast: Ludwig) Käser darf sich insofern wie der Ochs vorm Berg fühlen, denn die Weiden des Urthaler Bauernhofs liegen gleich hinterm Haus, eingebettet in das Mondscheinfilz im Pfaffenwinkel, mit Blick auf Wettersteingebirge, Karwendel und die Gipfel des Isarwinkels. Winters wie sommers laufen die Weideochsen da frei herum und kriegen so viel Gras und Heu zu fressen, dass die Käsers auf Beigaben wie Antibiotika oder Hormone gut und gern verzichten können. Das schmeckt man den herrlichen Steak-, Braten- und Siedefleisch-Variationen von der Speisekarte auch an.

DIE SCHWARTE KRACHT

Der Urthalerhof hält neben einem weitläufigen Drumherum für Familien mit Kindern, Radler, Pferde- und Kutschfahrtfreunde eine unbeirrt traditionslustige Vielfalt an Deftigkeiten parat, die es Fleischfreunden möglich macht, unbeeinflusst von veganen Einflüsterungen mal wieder ordentlich die Schwarte krachen zu lassen. Was hier auf den Teller kommt, stammt aus eigener Metzgerei. Wirtin Rita Käser steht in der Küche und bereitet Schweinshaxe und Bierbratl, Weideochsengulasch und Kesselfleisch, Apfelblaukraut, Zwiebelrostbraten oder Tellerfleisch frisch und bodenständig zu. Die Soßen sind leicht gebunden, als Deko gibt's ein knackiges Salatblattrüscherl, die Knödel sind locker, die Portionen nicht eben klein. Das gefällt den Leuten – der Urthalerhof ist ein beliebtes Ausflugsziel.

Wirtshaus Urthalerhof
Urthal 4, 82404 Sindelsdorf
Tel.: 08856 2003, www.urthalerhof.de
Öffnungszeiten: Mo.–So. 10–24 Uhr,
Biergarten bei schönem Wetter auch
im Winter geöffnet

Mit dem Auto: *Autobahn 95 München–Garmisch, Ausfahrt Sindelsdorf, dann auf der B 472 Richtung Benediktbeuern.* ***Mit dem Rad:*** *Prälatenweg-Radtour Kochel–Penzberg via Bichl, von Bichl aus auf der B 472 bis Urthal.* ***Ausflugsziele in der Nähe:*** *Kloster Benediktbeuern, Walchensee, Kochelsee, Freilichtmuseum Glentleiten, Herzogstand, Benediktenwand.*

Dahoam-Faktor

- Biotop für bayerische Urviecher
- Bergblick, Bier & Bratenglück

Tölzer Schießstätte Buchberg
Restaurant Hager

Der Witz am Schlaraffenland ist ja, dass alle dorthin wollen, weil es da etwas ganz Einfaches gibt: Grießbrei, Milch, Honig zum Beispiel. Das einfach Gute, und das ist kein Witz, ist eben nur schwer zu finden. Und vor allem selten! Auch in Oberbayern gibt es eine Art Schlaraffenland; es liegt gleichsam hinter den sieben Bergen, unweit von Bad Tölz.

Ein Spitzenteam – nicht nur am Herd: Küchenchef Andreas Hager und seine Frau Michaela.

HAND IN HAND AM HERD

Bilderbuchmäßig umrahmt von Buchen und Tannen steht dort am Fuße des Buchbergs die Heimat der Königlich Priviliegierten Feuerschützengesellschaft. Seit 25 Jahren wird dieses Wirtshaus von Michaela und Andreas Hager betrieben. Das Ehepaar serviert die Klassiker der bayerischen Küche (mit gelegentlichem Blick über den Tellerrand Richtung Tirol) in einer kompromisslos frischen Qualität. Man möchte meinen, dass es nicht so schwer sein kann, eine gute Fleischbrühe, ein Blaukraut, einen Kartoffelbrei oder einen Schweinsbraten so rechtschaffen hinzukriegen, wie es in den Glanzzeiten selbst in einfachen Haushalten zumindest an den Sonntagen gang und gäbe war.

MÄRCHENHAFT

Doch offensichtlich ist das schwer, denn sonst wäre das Restaurant der Hagers nicht so eine Berühmtheit. Rechtzeitig reservieren ist hier unbedingt anzuraten! Einmal im Monat ist Michaela im Bayerischen Fernsehen zu sehen. Sie macht dort dem Publikum mit ihrer sperenzchenfreien, schnörkellosen Kochkunst den Mund wässrig. Auch in ihrem Restaurant kochen die beiden Hagers selbstverständlich nur mit den allerfrischesten Zutaten. Sie kennen ihre Lieferanten und nennen sie auch auf der Speisekarte. Die ist handgeschrieben. Und eine eigene Handschrift ist hier bei jedem Gericht erkennbar! Alles schmeckt grundgut und wird mit charmanter Note auf dem Teller angerichtet. Michaela Hager stampft den Kartoffelbrei von Hand, würzt den Schweinsbraten gekonnt schlicht und verwendet nur allerbestes Fleisch. Das gilt auch für Anderl Hager – ganz hin und weg ist man, spätestens, wenn man seine ofenfrische Ente probiert.

WOLKENGLEICHE KNÖDEL

Die beiden Hagers haben ihr Kochhandwerk gelernt und lassen es sich nicht aus der Hand nehmen. So sitzt man in ihrer gemütlichen Stube mit Kachelofen oder bei schönem Wetter an geschmückten Tischen vorm Haus, lässt sich wolkengleiche Spinat- und Zwetschgenknödel, samtige Grießnockerl in Rindfleischbrühe, nach Wildwasser schmeckende Bachforellen und einen saftigen Tafelspitz schmecken – und nimmt sich vor, den Weg in dieses bayerische Schlaraffenland niemandem zu verraten.

Die Stube bei den Hagers in Wackersberg ist behaglich und mit feinem Leinen ausstaffiert.

Tölzer Schießstätte Buchberg
Kiefersau 138, 83646 Wackersberg
Tel.: 08041 3545, www.toelzer-schiessstaette.de
Öffnungszeiten: Di., Mi., Fr., Sa. 11.30–15.30 Uhr und 18–24 Uhr, So. 11.30–15.30 Uhr,
Ruhetage: Mo. und Do.

Mit dem Auto: *von Bad Tölz auf der B 472 Richtung Bad Heilbrunn, kurz nach Bad Tölz rechts abbiegen auf die Benediktbeurer Straße Richtung Buchberg, dort gleich rechterhand auf das Schild „Tölzer Schießstätte" achten – und dieser kleinen Straße bergauf folgen.* **Ausflugsziel:** *Bad Tölz.*

Dahoam-Faktor

- Ein Juwel bayerischer Esskultur
- Hand drauf – hier wird frisch gekocht!

Gasthof Mairhofer

Wirtshaus. Gastgarten. Gästezimmer

Ob im Winter bei Schnee oder im Sommer, wenn ringsherum alles in sattem Weidegrün steht – der Gasthof Mairhofer wirkt vor der Alpenkulisse des Mangfallgebirges stets wie im Bilderbuch. Er fügt sich stimmig in die Kulturlandschaft drein. Pflegt seit gut 200 Jahren seinen Stil. Ist ein Kleinod, authentisch, ohne Tümelei. Die große Stammkundschaft honoriert's mit Freude.

GROSSE TRADITION

Fährt man auf der Deutschen Alpenstraße Richtung Bayrischzell, tut sich hinter Schliersee der Blick auf den Wendelstein auf. Die Sicht aufs Tal weitet sich; die alpine Landschaft gibt ihr Bestes, um nur ja recht opulent zu wirken. Tatsächlich wähnt man sich hier wie im Heimatfilm. Der Gasthof Mairhofer ist dafür eine Idealbesetzung. Stilvoll lüftlgemalt prunkt der Schriftzug „Gasthof-Aurach M. Mairhofer" auf der Fassade. Seit 1805 ist dieses gastliche Haus im Besitz der Familie; damals wurde Bayern Königreich. Tradition ist für die Wirtsleute Martin und Katharina Mairhofer kein leeres Wort, keine Kitschbeilage. Sondern Verpflichtung.

HERZERWÄRMEND

Wo es geht, unterstützen die Wirtsleute landwirtschaftliche Produkte der Region. Zum Dessert gibt's im Sommer das angenehme dezent gesüßte Bauernhofeis vom Beindlhof aus dem Nachbartal, zur Brotzeit eine frische Bauernbutter. Und wo findet man heute noch ein Wirtshaus, das im Winter eine „Ranensuppe" auf die Karte setzt (Ranen oder Rana sind Rote Beten)? Martin und Katharina stehen beide in der Küche; sie beziehen das Fleisch für ihre Braten- und Wildspezialitäten aus der unmittelbaren Umgebung. Ihre Speisekarte ufert nicht aus. Die Tageskarte hält so wunderbare Raritäten wie Scheiterhaufen und Zwetschgenknödel parat. Selbst gemachte Bratensoßen und Marmeladen kann man für zu Hause mitnehmen. Noch herzerwärmender aber ist es, sonntags in der denkmalgeschützten Stube am Kachelofen zu sitzen und eine Fischbachauer Forelle oder einen Kalbsschulterbraten mit luftigen Semmelknödeln zu genießen. Der schmeckt, wie alles hier, pardon: saugut!

Gasthof Mairhofer
Alpenstraße 2, 83730 Fischbachau/Aurach
Tel.: 08028 859, www.gasthof-mairhofer.de
Küchenzeiten Gasthof:
Mi.–So. 11.30–20 Uhr, Ruhetage: Mo. und Di.

Mit dem Auto: *Autobahn München–Salzburg, Ausfahrt Weyarn, von dort Richtung Schliersee; ab Schliersee auf der Bayrischzeller Straße bis Aurach.* ***Mit der Bahn:*** *mit der Bayerischen Oberlandbahn (BOB) ab München Richtung Bayrischzell, Haltestelle Fischbachau, von dort 10 Minuten zu Fuß.* ***Ausflugsziele in der Nähe:*** *Schliersee, Slyrs Destillerie, Wallfahrtskirche Birkenstein in Fischbachau, Wendelstein, Skigebiete Spitzingsee und Sudelfeld.*

Dahoam-Faktor

- Engagierte und gelebte Regionalität
- Gekocht wird mit Produkten der Bauern ringsum

Da schau her!

GEFÜLLTE KALBSBRUST

mit Schwammerl-Semmel-Füllung

Zutaten für 4 Personen

Für Füllung und Braten: 2 altbackene Semmeln | 75 ml lauwarme Milch
120 g Champignons | 1 Zwiebel | 1 Knoblauchzehe | 4 EL Butter | 4 Eier
2 EL gehackte Petersilie | 1 EL gehackter Majoran | frisch geriebene Muskatnuss | Salz | Pfeffer aus der Mühle | 1 Milchkalbsbrust (ca. 1 kg; vom Metzger eine Tasche einschneiden lassen)
Für die Soße: 200 g Zwiebeln | ca. 250 g Karotten | ca. 150 g Knollensellerie
1 Stange Lauch | ½ l Rinderbrühe | 1 mehligkochende Kartoffel
Salz | Pfeffer aus der Mühle

1 Für die Füllung Semmeln in dünne Scheiben schneiden und mit der Milch übergießen. Pilze putzen und trocken abreiben. Zwiebel und Knoblauch schälen, würfeln und in einem Topf in 1 EL Butter andünsten. Pilze kurz mitdünsten und alles zur Semmelmasse geben. 2 Eier, Kräuter, 1 Prise Muskatnuss, Salz und Pfeffer untermischen. Restliche Eier verquirlen und in einer beschichteten Pfanne in ½ EL Butter zu Rühreiern braten. Die Rühreier unter die Semmelfüllung mischen.

2 Für die Soße Zwiebeln schälen, Karotten und Sellerie putzen und schälen, Lauch putzen und waschen. Alles in Stücke schneiden. Backofen auf 160 °C vorheizen. Die Kalbsbrust locker (!) mit der Semmelmasse füllen. Die Öffnung mit Küchengarn zunähen oder mit Holzspießen verschließen. Fleisch salzen und pfeffern.

3 Das Gemüse in einen Bräter geben und etwas Brühe angießen. Kalbsbrust auf das Gemüse legen und im Ofen auf der mittleren Schiene 2 bis 2½ Stunden garen, dabei das Fleisch immer wieder mit Brühe übergießen. In den letzten 10 Minuten die Temperatur auf 200 °C Oberhitze erhöhen. Dann das Fleisch aus dem Ofen nehmen und zugedeckt 15 Minuten ruhen lassen.

4 Das Schmorgemüse mit dem Bratensaft in einen Topf geben und, falls nötig, noch etwas Wasser hinzufügen. Kartoffel schälen, waschen, fein dazureiben und die Soße auf dem Herd ein paar Minuten einköcheln lassen. Durch ein feines Sieb gießen und mit Salz und Pfeffer würzen. Das Fleisch in der restlichen Butter rundum knusprig braten. Kalbsbrust in Scheiben schneiden und mit der Soße servieren.

Casa Italia

Feinkost. Ristorantino casalingo

Aus der bayerischen Landeshauptstadt hier ein Tipp, der nicht aus den üblichen Reihen stammt. Eine Adresse, in der sich die Münchner ganz wie im Himmel fühlen. Entgegen anderslautender Meinung sehnen sie sich nicht nach Humtata-Seligkeit. Sondern nach einem Ort, wo sie Signore Palermo und Signora Toscana sein können, wo kulinarisch und gefühlsmäßig einfach *ois Monaco* ist!

DAS CASA ITALIA KOCHT …

Scusi, liebe Städte Augsburg, Bamberg, Regensburg: Das Gütesiegel „nördlichste Stadt Italiens“ macht sich nicht an barocken Fassaden oder dem Umstand fest, dass die Römer hier einst vorm Zubettgehen ihre ausgelatschten Söldnersandalen abstreiften. Sondern an der Tatsache, dass sich die Bewohner auch im Alltag wie in Italien, quasi im Dolce Vita zu Hause und also ganz *a casa* fühlen. Dafür braucht es eine Institution wie das Casa Italia beim Viktualienmarkt. Der Sarde Onofrio Caltagirone führt hier mit seiner Partnerin Valentina und Köchin Milli ein Ristorantino, das eigentlich ein Feinkostladen ist. Mit Tischen, an denen man mehr steht als sitzt und immer auf einen interessanten Menschen trifft, der etwas zu erzählen hat, mit einer Bar, einer Theke für italienische und sardische Würste, Schinken, Käse und Brot, mit Regalen, die sich vor Wein- und Olivenölflaschen nur so biegen. Und mit einer Küche, in der die kleine große sardische Köchin Milli Sonnenstrahlen auf die Teller zaubert.

… UND MISCHA SINGT

Es hat sich rasant herumgesprochen, dass man hier in Glückseligkeit versinken kann, beflügelt von duftenden Ravioli, seidigen Gnocchi, aromatischen Antipasti, Meeresfrüchten und Lasagna fatta a casa mit Büffelmozzarella. Es gibt nur eine Tageskarte, je nach Jahreszeit; vorneweg bekommt man ein Magentratzerl aufs Haus: Brot mit Ricotta und einer Kostprobe aus der Salumi-Theke. An den Tischen hört man italienisches, englisches und viel Münchnerisches Geplänkel. Der Laden ist proppenvoll, vor allem am Samstag, die Stimmung zum Niederknien fröhlich. Und wenn Mischa da ist, der russische Opernsänger, schallen die Verdi-Gassenhauer, live gesungen, bis zum Viktualienmarkt rüber. That's Amore!

Casa Italia Feinkost
Westenriederstraße 10, 80331 München
Tel.: 089 24205196
ocaltagirone@gmail.com
Öffnungszeiten: Mo.–Sa. 8.30–20 Uhr,
Catering auf Anfrage

Mit dem Auto: *200 bis 300 Meter im Umkreis des Münchner Viktualienmarkts befinden sich mehrere Parkhäuser.* ***Öffentliche Verkehrsmittel:*** *S- und U-Bahn-Haltestelle Marienplatz, von dort zu Fuß gute 5 Minuten über den Viktualienmarkt bis zur Westenriederstraße.* ***Sehenswertes in der Nähe:*** *Valentin-Karlstadt-Musäum, Münchner Stadtmuseum mit Ausstellung „Typisch München!“.*

Dahoam-Faktor

- Dolce Vita, wie es die Münchner lieben
- Genießen wie bei „la Mamma bavarese“

Hotel Jägerhof Garni

Herzlich. Familiär. Gemütlich

„Wir sind nur ein kleines Hotel“, sagt Willi Mehlhart auf die Frage hin, ob gerade ein Zimmer bei ihm frei sei. „Acht Doppelzimmer, drei Einzelzimmer.“ Dabei lächelt er aus sehr verschmitzten Augen. Gleich ums Eck liegt die Ludwig-Thoma-Straße, benannt nach dem Schriftsteller, der für die „Lausbubengeschichten“ berühmt ist – auch so eine verschmitzte Angelegenheit.

EIN BISSERL WAS ...

Wenn man in Bayern auf etwas stolz ist, spielt man das gern mal ein bisserl runter. Das „nur“ in der Antwort der Mehlharts weist auf etwas Großes hin: von Herzen kommende Gastfreundschaft. Gleich wenn man reinkommt, liegt rechterhand der Alkoven, urgemütlich eingerichtet mit karierten Kissen, Zeitschriften und Büchern – ein lichter, freundlicher Raum für kleine Auszeiten, eine Mini-Lobby im Landhausstil. Zum Frühstück gibt's ein Büffet mit allen Schikanen, die Tische sind mit Blumen und handgeschriebenen Schildern mit den Namen der Gäste liebevoll gedeckt. Willi und Dorothea Mehlhart verfügen über das Talent, sich in die Bedürfnisse ihrer Gäste einzufühlen. Die Zimmer ihres Hotels sind mit wohnlichen Details ausgestattet, in den Gasträumen stehen Körbe mit Kinderbüchern für die Kleinen, und zum Abendessen kocht die Familie für die Halbpensionsgäste von Donnerstag bis Sonntag ein frisches Schmankerlmenü.

... GEHT ALLERWEIL!

Die Mehlharts unterstützen Slow Food. Sie kochen ausschließlich für ihre Hotelgäste – und das saisonal, mit raffinierten Einsprengseln. Im Herbst zum Beispiel ein Hirschkalb aus Bergjagd mit Topfenspätzle, eine Sulz vom Ibérico-Schwein mit Pfifferlingen und ein Marillenragout – das lässt man sich gerne angedeihen! Wer Oberbayern von einer familiären Seite her kennenlernen möchte, ist hier goldrichtig. Und wer's bis zum Abendessen nicht aushält, geht die paar Schritte rüber zur wunderbaren Bäckerei Obermaier. Die gibt's schon seit 1903. Man kann dort noch altbayerische Delikatessen kosten, die sonst im Bäckereiwesen nahezu ausgestorben sind: Zwetschgenbavesen oder Schuxn. Kleinigkeiten nur – in denen eine große Tradition aufscheint!

Hotel Jägerhof Garni
Rottauer Straße 15, 83233 Bernau am Chiemsee
Tel.: 08051 7377, www.jaegerhof-bernau.de
Halbpension-Abendessen: Do.–So. ab 18.30 Uhr

Mit dem Auto: *Autobahn München–Salzburg, Ausfahrt Bernau; im Ortszentrum den Hinweisschildern zum Hotel folgen.*
Mit dem Rad: *Rund um den Chiemsee führen viele Radwege; in der Tourist-Info Bernau gibt's dazu eine „Radelbroschüre“.*
Ausflugsziele: *Chiemsee mit Fraueninsel, Schloss Herrenchiemsee; Kampenwand; Bauernhausmuseum Amerang; Kufstein, Traunstein, Rosenheim, Berchtesgaden, Salzburg.*

Dahoam-Faktor

- Gemütliches Zuhause auf Zeit ...
- ... mit Magentratzerl-Halbpension!

Lass krachen!

SCHWEINEKRUSTENBRATEN

mit Kartoffelknödeln und Biersoße

Zutaten für 6 Personen

Für den Braten: 1½ kg Wammerl (Schweinebauch, mit Schwarte) | Salz
Pfeffer aus der Mühle | 1 EL Öl | ½ l Brühe | 1 Karotte | 100 g Knollensellerie
1 Gemüsezwiebel | 3 Stiele Petersilie | ½ TL ganzer Kümmel
½ l dunkles Bier | Zucker
Für die Knödel: 1 kg mehligkochende Kartoffeln | Salz | 50 g Weißbrotwürfel
2 EL Butterschmalz | 2 Eigelb | 100 g Speisestärke | frisch geriebene Muskatnuss

1 Für den Braten den Ofen auf 120 °C vorheizen. Das Fleisch rundum salzen und pfeffern, die Fleischseite in einem Bräter im Öl anbraten. Braten wenden und mit der Schwarte nach unten in den Bräter legen, Brühe angießen und das Fleisch im Ofen 1 Stunde garen. Karotte, Sellerie und Zwiebel putzen und schälen und in grobe Stücke schneiden. Petersilie waschen. Kümmel im Mörser fein zerstoßen.

2 Bräter aus dem Ofen nehmen und die Schwarte mit einem Messer kreuzweise einschneiden. Ofentemperatur auf 160 °C erhöhen. Gemüse, Petersilie und Bier in den Bräter geben und das Fleisch mit der Schwarte nach oben auf das Gemüse legen. Kümmel hinzufügen, den Braten weitere 1½ Stunden garen, dabei das Fleisch (nicht die Kruste!) immer wieder mit dem Saft aus dem Bräter begießen. Zum Schluss die Schwarte weitere 30 Minuten bei 220 °C Oberhitze knusprig braten.

3 Inzwischen für die Knödel Kartoffeln schälen, waschen und in Salzwasser 25 Minuten weich garen. Brotwürfel im Butterschmalz anrösten, leicht salzen. Kartoffeln abgießen, ausdampfen lassen und durch die Kartoffelpresse in eine Schüssel drücken. Eigelbe, Stärke, Salz und 1 Prise Muskatnuss unter die warme Kartoffelmasse rühren. Den Teig mit angefeuchteten Händen zu Knödeln formen, dabei mit gerösteten Brotwürfeln füllen. In einem Topf reichlich Salzwasser aufkochen und die Knödel darin etwa 20 Minuten bei schwacher Hitze langsam gar ziehen lassen.

4 Braten aus dem Ofen nehmen, in Alufolie wickeln und kurz ruhen lassen. Das Gemüse mit dem Fond durch ein Sieb gießen, dabei das Gemüse ausdrücken. Die Soße nach Belieben mit etwas kalter Butter binden und mit Salz, Pfeffer und Zucker abschmecken. Braten in Scheiben schneiden, mit Soße und Knödeln anrichten.

„AUCH WENN'S REGNET, SCHEINT DIE SONNE!“

Alfons Schuhbecks Biergarten-Philosophie mit Kartoffelknödeln und Biersoße

Bayern hat ja viele gescheite Frauen hervorgebracht, und eine der gewitztesten unter ihnen war die Münchner Malerin und Schriftstellerin Fanny zu Reventlow (1871–1918). Sie war zwar eine Zuagroaste aus dem hohen Norden, aber sie hat lange genug in München gelebt, um mit der bayerischen Lebensart zu sympathisieren. Über den Stadtteil Schwabing hat sie mal einen treffenden Spruch von sich gegeben, und den möchte ich hier abwandeln, um das Wesen des Biergartens zu beschreiben: Der Biergarten ist kein Ort. Er ist ein Zustand.

IMMER MIT DER RUHE

Wir Bayern sind ja gemüthafte Leute, und das ist auch der Grund dafür, dass uns jeder Biergarten, in dem wir sitzen, auf wundersame Weise immer wie von der Sonne begünstigt erscheint. Selbst wenn ein kurzer Schauer niederprasselt oder ein Lüfterl aufkommt, haben wir das Gefühl, dass in dem Biergarten, in dem wir gerade sitzen, die Sonne lacht und sie ihre Strahlen durchs Blätterdach der Kastanienbäume hindurch auf unser Gesicht scheinen lässt. Dieses Sonnige ist nicht etwas, das man dingfest machen könnte. Es ist eher so ein Zustand: etwas Heimeliges, Gemütliches. „Nur die Ruhe“, sagt man bei uns in Bayern, wenn's mal ein bisserl hektisch zugeht. Und nur die Ruhe – das ist es, was einen guten Biergarten für mich ausmacht. Die Mischung aus geschäftiger Muße und Lockerheit. Die passt perfekt zur gelassenen Grundeinstellung der altbayerischen Lebensart: Man nimmt sich nicht groß was vor, hockt sich einfach hin, schaut hierhin und dorthin, bestellt sich eine Maß, packt die mitgebrachte Brotzeit aus und lässt den lieben Gott einen guten Mann sein. Für solche Momente nimmt man sich bei uns in Bayern immer Zeit, selbst wenn man gerade gar keine Zeit hat.

GRAD SCHEE IS

Diese Gemütlichkeit ist einer der Charakterzüge, die ein Biergarten unbedingt ausstrahlen muss, damit ich mich da wohlfühlen kann. Die Tradition des Biergartens ist eine volkstümliche. Sie hält sich an die einfachen, guten Dinge: ein paar Kastanienbäume, Biertische und Bierbänke, einen Bierausschank und eine Lage, die nett anzuschauen ist – mehr braucht es für mich nicht. Das können auch bloß drei Tische sein! Nicht die Größe bestimmt für mich den Wohlfühlfaktor. Sondern der Charme. Und die Liebe zur Tradition. Und natürlich muss das Bier süffig sein! Aber davon kann man bei uns im Freistaat wirklich überall ausgehen. Ob in Franken, Schwaben, Oberbayern oder der Oberpfalz – ein gutes Bier wird hier wie dort gebraut! Deshalb mag ich auch gar keinen Biergarten im Speziellen herausheben. Weil alle Biergärten bei uns dieses Gemütlichkeits-Gen in sich tragen: leben und leben lassen. Grad schee is! Wenn ein Biergarten eine Seele hat, fühle ich mich dort gleich wie dahoam.

Schuhbecks Südtiroler Stuben, Platzl 6 + 8, 80331 München
Tel.: 089 2166900, Öffnungszeiten: Mo.–Sa. 12.00–14.30 Uhr und ab 18 Uhr, Ruhetage: So. und Feiertage

ALFONS SCHUHBECK kam im oberbayerischen Traunstein zur Welt. Er ist einer der beliebtesten und renommiertesten Spitzenköche aus Bayern. Seinen ersten Stern im Guide Michelin erhielt er bereits 1983. Seine Kochserien im Bayerischen Fernsehen sind ein Dauerbrenner; regelmäßig tritt er in der ZDF-Küchenschlacht auf.

BrotZeit & Leben

s'Hofladl am Boarhof

In Maria Bogners Hofladen duftet es nach Holz und Geräuchertem. Das Auge schweift über liebevoll gestaltete Handwerkskunst und bleibt an der Theke mit den bäuerlichen Köstlichkeiten hängen; vor der Türe gackern Hühner, auf der Terrasse der angrenzenden Bauernschank summen die Bienen. Kräuterduft liegt in der Luft. Und drunten im Tal glitzert der Tegernsee.

EIN HOFLADEN …

Heimat sei eine bestimmte Art, auf der Welt zu sein, hat mal ein kluger Mann gesagt. Und eine Heimat ist der Boarhof gewiss – nicht nur für Maria und Markus Bogner und ihre Kinder, sondern auch für die Enten, Gänse, Hühner und Duroc-Schweine, die sich hier im Freien tummeln, für die traditionsreichen Gemüsesorten, Obst- und Nussbäume, Beerensträucher und Kräuter, die hier oberhalb des Tegernsees auf dem Hof der Familie in Hülle und Fülle gedeihen. Mit den Kräutern dekoriert Maria die Brotzeitteller in ihrer charmant gestalteten Bauernschank, die an den Hofladen grenzt. Aus dem Fleisch der Schweine wird ein gehaltvoller Speck, aus den Früchten und Gemüsesorten allerlei Hausgemachtes für den Laden. Auch der ist zu einer Heimat geworden, seit ihn die Bogners vor bald zehn Jahren eröffneten. Viele Stammkunden finden hier, wonach sie suchen: einen Ort, wo man bis zu den Anfängen nachvollziehen kann, woher das, was man genießt, wirklich stammt.

… UND EINE BAUERNSCHANK

Maria und Markus Bogner sind, wie man das heute so nennt: Selbstversorger. Sie machen etwas, das vor 100 Jahren, als der Freistaat Bayern gegründet wurde, das Normalste der Welt war. Sie betreiben nachhaltige Landwirtschaft im Einklang mit der Natur. Sie leben weitestgehend von dem, was sie selbst produzieren. Und das so gut, dass sie in ihrer Bauernschank auch andere damit auf den Geschmack bringen: auf den Geschmack von Holzofenbrot aus eigenem Roggen, von selbst gekochten fruchtigen Marmeladen, Butter und Käse, Lammwürsten, würzigen Aufstrichen und essbaren Blüten, kurz: auf den Geschmack ihrer Tegernseer Heimat.

BrotZeit & Leben – s'Hofladl am Boarhof
Max-Obermayr-Weg 6, 83707 Bad Wiessee-Holz
Tel.: 08022 271425, www.brotzeit-leben.de
Öffnungszeiten: Do. 14–18 Uhr, Fr. 9–18 Uhr, Sa. 9–12 Uhr, an Feiertagen geschlossen

Mit dem Auto: *Autobahn München–Salzburg, Ausfahrt Holzkirchen, auf der B 318 über Gmund Richtung Bad Wiessee; nach dem Ort Kaltenbrunn rechterhand der Straße zum Ortsteil Holz folgen.* ***Mit dem Rad:*** *Der Nordteil des Tegernsees zwischen Gmund und Kaltenbrunn liegt auf der Route des Bodensee-Königssee-Radwegs.*
Ausflugsziele in der Nähe: *Tegernsee, Bad Wiessee, Rottach-Egern; Almwanderziele Gindelalm, Neureuth oder Aueralm.*

Dahoam-Faktor

- Ein Kleinod am Tegernsee
- Für alle, die das Ursprüngliche suchen

Schee
knackig

BAYERISCH KRAUT

mit Speckwürfeln

Zutaten für 4 Personen

50 g durchwachsene Speckwürfel | 1 Zwiebel | 1 kg junges Weißkraut (Weißkohl)
1 EL Zucker | 250 ml Gemüsebrühe | 1 TL ganzer Kümmel | getrockneter Majoran
2 EL gehackte Petersilie | 1 Msp. abgeriebene Bio-Zitronenschale | 1 TL Butter
Salz | Pfeffer aus der Mühle

1 Die Speckwürfel in einer Pfanne ohne Fett knusprig braten. Die Zwiebel schälen und in nicht zu kleine Würfel schneiden. Das Weißkraut putzen und die äußeren Blätter entfernen. Das Kraut in die einzelnen Blätter zerteilen, die Blattrippen herausschneiden und die Krautblätter in Rauten schneiden.

2 Den Zucker in einem Topf hell karamellisieren. Die Zwiebelwürfel darin andünsten, das Kraut hinzufügen und unter häufigem Rühren einige Minuten mitdünsten. Mit der Brühe ablöschen und alles etwas einköcheln lassen. Das Kraut mit dem Kümmel und 1 Prise Majoran würzen. Den Deckel auflegen und das Kraut etwa 20 Minuten dünsten.

3 Die Petersilie, die Zitronenschale und die Butter unter das Kraut rühren und mit Salz und etwas Pfeffer würzen. Das Kraut ist die perfekte Beilage zu Schweinebraten oder Bratwürsteln.

INFO

Ursprünglich stammt das Rezept aus der Armeleuteküche. Traditionell sollte es süß-säuerlich schmecken; weil aber Zucker früher zu teuer war, süßte man es gerne mit einem geriebenen Apfel. Wenn kein Speck im Haus war, behalf man sich mit etwas Schweinefett, um wenigstens die Illusion von Fleischgeschmack zu erzeugen.

Leitzachtaler Ziegenhof

Hofkäserei. Almbetrieb. Hofladen

Es hat sich herumgesprochen unter bayerischen Ziegen, dass der Hof von Martina und Werner Haase im Miesbacher Oberland attraktive Lebensstellungen bietet. Zur Jobbeschreibung im Ziegenteam der Haases gehören die Freude am Kraxeln, die Fähigkeit, eine gute Milch zu geben, und nicht zuletzt eine hohe Sozialkompetenz im Kontakt mit anderen tierischen Naturellen.

Garantiert frisch: Die Heumilch kann man auf dem Hof von früh bis spät eigenhändig zapfen.

ZWISCHEN BERG UND TAL

Wer als Ziege bei den Haases sein Auskommen findet, muss Spaß daran haben, im Winter im Tal und im Sommer auf der Bucheralm am Breitenstein zu leben. Die gehaltvolle Milch kommt dabei ganz von allein, denn Alm und Hof der Haases sind biologisch-dynamisch bewirtschaftet. Das lässt proteinreiche, würzige Gräser, Kräuter und Blüten entsprechend gedeihen. Was die Sozialkompetenz betrifft, so führen die Haases einen Hof, in dem sich auch Duroc-Schweine, Murnau-Werdenfelser-Milchkühe sowie den Sommer über auf den Streuobstwiesen rund ums Haus die Martinigänse tummeln. Bei einem Besuch im Hofladen kann man das tierische Treiben in Augenschein nehmen und sich vergewissern, dass die Ziegen der Haases in einem artenfreundlichen Betriebsklima leben. So denkt augenscheinlich keine daran, woanders ihre Ziegenkompetenz einbringen zu wollen.

ÖKO-MODELLREGION

Seit 1992 bewirtschaftet die Familie Haase den Hof in Sandbichl am Fuße des Breitenstein. Die Hauslandschaft ringsum wirkt unverfälscht; hier und da trifft man auf Szenerien, die es einem leicht machen sich auszumalen, wie der Hof wohl im Jahre 1477 ausgesehen haben mag – so lange existiert er schon. Das Miesbacher Oberland ist eine ökologische Modellregion. Nahezu 30 Prozent der hier ansässigen landwirtschaftlichen Betriebe wirtschaften nach zertifiziert biologischen Kriterien. Damit ist die Region Vorreiter in Bayern.

SOMMER AUF DER ALM

Auch in Sachen Tierschutz setzen Landwirte wie die Haases Standards. Was auch immer sie aus der Milch und dem Fleisch ihrer Tiere produzieren, ist überdurchschnittlich delikat und zeichnet sich durch einen feinen Eigengeschmack aus. Ziegenfrischkäse, Bauernbutter, Fenchelsalami, Kuh- und Ziegenmilch kann man im Hofladen kaufen und den Sommer über, sobald die Tage länger und wärmer werden, auf der Bucheralm verkosten. Die wird von den Haases bewirtschaftet. Ab und an gibt es geführte Wanderungen mit Hofkäserei-Besichtigungen. Wann genau? Am besten zum Hörer greifen und nachfragen!

Als bunte deutsche Edelziege könnte man sich's auf der Bucheralm sehr gut gehen lassen …

Leitzachtaler Ziegenhof
Sandbichl 2 + 4, 83730 Fischbachau
Tel.: 08028 2064, www.ziegenhof-leitzachtal.de
Öffnungszeiten Hofladen:
bis April Mi.–Sa. 9–18.30 Uhr, Do. 9–12 Uhr, ab Mai Mo.–Sa. 9–18.30 Uhr, Di. u. Do. 9–12 Uhr, abweichende Öffnungszeiten siehe Homepage
***Bucheralm:** Almbetrieb in den Sommermonaten ab mittags; Ferienwohnung ganzjährig auf Anfrage*

***Mit dem Auto:** Autobahn München–Salzburg, Ausfahrt Weyarn oder Irschenberg, ab Miesbach 15 km durchs Leitzachtal. **Mit der Bahn:** Bayerische Oberlandbahn (BOB) ab München Hauptbahnhof stündlich (Linie München-Holzkirchen-Bayrischzell). **Ausflugsziele in der Nähe:** Almwanderung zur Bucheralm; Wendelsteinbahn.*

Dahoam-Faktor

- Rarität im Oberland: Alm mit Bio-Produkten
- Ferienwohnungen in einer Öko-Modellregion

Slyrs
Destillerie. Café. Lunchery

Was macht man, wenn man Gebirgswasser vor der Haustüre, Braugerste in Reichweite und einen Sinn für Schnapsideen hat? Noch dazu, wenn man ein Oberbayer ist? Ganz klar: Man füllt Hochprozentiges in Flaschen ab. Nicht Bier. Whisky! Wer nun denkt, die spinnen, die Bayern, hat nicht bedacht, dass die keltischen Bayern und keltischen Schotten Brüder im Geiste sind.

DA SCHAUST!

Was der Schnapsbrenner Florian Stetter aus Schliersee im Kopf gehabt hat, als er zu Studienzwecken die schottischen Whisky-Kultstätten besuchte, ist ungewiss. Gewiss ist aber, dass er mit der Idee zurückkam, in den Alpen einen Single Malt zu brennen. Knapp zwei Jahrzehnte nach seinem Ausflug in die Highlands ist der Schliersee um eine Attraktion reicher: Der Slyrs Bavarian Single Malt Whisky heimst bei internationalen Schauläufen hochrangige Preise ein. Und die Destillierstätte des bayerischen Goldwassers ist eine moderne, hochamüsante Pilgeradresse geworden, in die man mit einem Schau-mer-mal-Gefühl hineingeht und mit einem Da-schau-her!-Gefühl wieder herauskommt.

WOHLSEIN!

Das Schlendern durch die Erlebnis-Destillerie ist eine vergnügliche Angelegenheit. Es gibt viel zu schauen, zu schnuppern, schmecken und fühlen. Man streicht übers samtige Holz der Fässer aus amerikanischer Weißeiche, schaut beim Brennen zu, erfährt Staunenswertes über die sagenhafte Geschichte des Whiskys, den frühmittelalterlichen Ursprung der Klostergemeinde Slyrs, die gerstenmalzhafte Schwippschwägerschaft von Bier und Whisky – und kann sich nicht zuletzt beim Whisky-Verkosten die Kehle vergolden. Sollte man vorab nicht dafür gesorgt haben, den Magen ordentlich zu befüttern, kann man den

Bis zu einem gewissen Grad verläuft die Herstellung von Whisky und Bier in etwa gleich.

Frohsinn, der sich beim Whisky-Tasting aufs Fröhlichste steigert, im Café im ersten Stock bei einer herzhaften Brotzeit abfedern – spektakulärer Blick auf den Wendelstein inklusive.

Slyrs Destillerie/Slyrs Caffee & Lunchery
Bayrischzeller Straße 13, 83727 Schliersee-Neuhaus, Tel.: 08026 9222795, www.slyrs.com
Öffnungszeiten: Mo.–So. und an Feiertagen 10–18 Uhr (Besichtigung der Destillerie bis 17 Uhr). Führungen nach Voranmeldung

***Mit dem Auto:** Autobahn München–Salzburg, Ausfahrt Weyarn, von dort Richtung Schliersee bis zum Schlierseer Ortsteil Neuhaus. **Mit der Bahn:** Bayerische Oberlandbahn (BOB) ab München Richtung Bayrischzell, Haltestelle Fischhausen/Neuhaus, von dort ca. 10 Minuten zu Fuß. **Ausflugsziel in der Nähe:** Schliersee.*

Dahoam-Faktor

- Ausflug in die bayerischen Highlands
- Flüssiges Gold aus fränkischer Gerste

Crème de
la Crème!

BAYERISCH CREME

mit Himbeersoße

Zutaten für 6 Personen

4 Blatt weiße Gelatine | 1 Vanilleschote | ½ l Milch | 4 Eigelb
160 g Zucker | 300 g Sahne | 500 g Himbeeren
2 Spritzer Zitronensaft

1 Die Gelatine in kaltem Wasser einweichen. Die Vanilleschote längs aufschneiden, das Mark herauskratzen und mit der Milch in einem Topf aufkochen, einige Minuten ziehen lassen. Die Vanilleschote entfernen. Die Eigelbe und 100 g Zucker in einem weiteren Topf mit dem Schneebesen verrühren, die heiße Vanillemilch langsam dazugießen und alles bei schwacher Hitze unter Rühren zur Rose abziehen (d. h., die Vanillemasse beständig so lange rühren, bis sie eingedickt ist; dabei aber nicht kochen lassen, sonst gerinnt das Eigelb).

2 Die Vanillecreme vom Herd nehmen. Die Gelatine ausdrücken und in der heißen Creme auflösen. Die Creme im kalten Wasserbad kalt rühren und kühl stellen, bis sie zu stocken beginnt.

3 Inzwischen die Sahne steif schlagen und mit dem Schneebesen erst unter die gekühlte Creme heben, sobald diese zu stocken beginnt. Im Kühlschrank vollständig fest werden lassen.

4 Für die Himbeersoße die Himbeeren verlesen, waschen und mit dem Zitronensaft und dem restlichen Zucker mit dem Stabmixer fein pürieren. Durch ein Sieb in eine Schüssel streichen. Zum Anrichten von der Creme Nocken abstechen und auf die Himbeersoße setzen.

INFO

Dieses Rezept ist ein Klassiker der königlich-bayerischen Küche. Nur bei Hofe konnte man sich dereinst so viel Rahm, Zucker und Eier für eine Süßspeise leisten. Und weil Aristokraten selbst in Bayern bei Tische vornehm französisch parlierten, firmierte die Bayerisch Creme bis ins 20. Jahrhundert bei uns unter „Bavaroise".

Brauereigasthof. Hotel. Bräustüberl

Ayinger Privatbrauerei

„Kulturlandschaft Aying“ steht auf dem Emailleschild neben der mit Geranien herausgeputzten Fensterbank des Ayinger Bräustüberls. Da ist was dran: Das Dorf Aying, südöstlich von München, ist ein bilderbuchmäßig kultiviertes Ensemble aus Brauerei, Hotel, Gasthof, Zwiebelturmkirche und Maibaum. So dermaßen fesch, dass man meinen könnte, es sei nur ein Traum.

BERAUSCHEND SCHÖN

Heftig muss er gewesen sein, der Rausch, den die Burschen Michl und Müller an Mariä Lichtmess, dem 2. Februar 1878, gehabt haben. Ganze zehn Mal habe es die beiden auf ihrem schwankenden Heimwärtsgang umgeworfen, berichtet ein Tagebucheintrag, der die Bierfilzl des Ayinger Bräustüberls ziert. An jenem legendären Tag wurde das erste Ayinger Bier ausgeschenkt. Bis heute, 140 Jahre später, ist die für ihre Spezialitäten berühmte Brauerei in Familienbesitz. Der persönliche Bezug ist allenthalben spürbar. Er ist nicht nur für die Brauerei von Vorteil, sondern für das ganze Ensemble aus Kirche, Hotel-Gasthof, Brauanlage und Bräustüberl – eines wie das andere ist so schmuck in Schuss gehalten und wird mit so viel Herzlichkeit gepflegt, dass man Lust bekommt, ein paar Tage zu verweilen.

WO DIE MUSI SPIELT

Zu erleben gibt's hier viel: Das Ayinger Bräustüberl gehört zu den musikantenfreundlichen Wirtshäusern und bietet rund ums Jahr neben Stuben- und Tanzmusik allerlei brauchtümliche Festivitäten. Ob zum Aschermittwoch, Starkbieranstich oder Kirchtag, Perchtenlauf im Advent oder Christkindlmarkt: Im Bräustüberl kann man die dazu passenden Schmankerl und Bierspezialitäten kosten, etwa Maibock, Kirtabier oder Winterbock. Und das unfiltrierte, süffige Kellerbier schmeckt sowieso das ganze Jahr! Dazu lässt man sich ein Böfflamott mit zimtigem Blaukraut, Ochsenbackerl mit Brezn-Serviettenknödel oder eine gepflegte Brotzeit schmecken, bedient von zuvorkommendem Personal. Und weil hier alles so einladend wirkt, ist man geneigt, es besser zu machen als dereinst der Michl und der Müller – und nimmt sich lieber gleich ein Landhauszimmer im gegenüberliegenden Hotel.

Ayinger Bräustüberl
Münchener Straße 2, 85653 Aying
Tel.: 08095 1345, www.ayinger.de
Öffnungszeiten Ayinger Bräustüberl:
Mo.-So. 9-24 Uhr

Mit dem Auto: *Autobahn München-Salzburg, Ausfahrt Hofoldinger Forst; von hier ca. 8 km der Beschilderung nach Aying folgen.* ***Mit dem Rad:*** *Von und durch Aying führen viele Regionalradwege, z. B. der Mangfall-Radweg und die Via Julia.* ***Sehenswürdigkeiten im Ort:*** *Führung durch die Privatbrauerei mit Bierverkostung; Heimathaus Sixthof (eines der ältesten Bauernhäuser im Landkreis München); denkmalgeschütztes Herrenhaus mit Gutshausküche.*

Dahoam-Faktor

- Brauerei-Ensemble wie aus dem Bilderbuch
- Landhaus-Eleganz mit Tradition, Herz & Stil

DIE BELIEBTESTEN BAYERISCHEN ZUTATEN

Deftig ist sie, die bayerische Küche, ob im Allgäu, Berchtesgadener Land oder in Franken. Auf dem Lande wurde früher eben mit dem gekocht, was gerade da war. Umso erstaunlicher die Bandbreite, die sich aus vergleichsweise wenigen Grundzutaten entwickelt hat!

ÄPFEL

Apfelstrudel, Apfelkücherl, Apfelmus oder Apfelkuchen – Äpfel sind das A und O der traditionellen bayerischen Süßspeisenküche. Um 1900 standen auf den Streuobstwiesen und in den Haus- und Bauerngärten des bayerischen Königreichs rund 22 Millionen Obstbäume, die meisten davon waren Apfelbäume. Heute sind es noch gut vier bis fünf Millionen. Alte regionale oder lokale Sorten wie der Hürther Apfel, der Pfaffenhofener Schmelzling, der Vilsthaler Weißapfel oder die Wachsrenette sind vom Aussterben bedroht. Doch dank des Engagements von Slow Food kann man sie auf den Märkten oder in spezialisierten Hofläden wieder des Öfteren finden.

BIER

Historienschreiber konnten nachweisen, dass schon im 8. Jahrhundert im erzoberbayerischen Freising Hopfen angebaut wurde. Demzufolge hat auch die Verflüssigung desselben eine lange Tradition. Gebraut wurde der Kraftstoff zuallererst in Klöstern, um die Fratres während der Fastentage im Saft zu halten. So kam die fürs bayerische Genussleben charakteristische Symbiose von Bier und Brot zustande – Ersteres gilt als verflüssigtes Pendant zu Letzterem. Kreationen wie das Biergulasch, der Schweinsbraten mit Dunkelbiersoße oder das Weißbier-Tiramisu dokumentieren diese traditionelle Verschwippschwägerung bis heute.

BUTTER & BUTTERSCHMALZ

Sorgten für die gemütliche Note vieler bayerischer Spezialitäten, von der Dampfnudel bis zum Kaiserschmarrn und den Brotwürfeln im Kartoffelknödel. Butter gehört als braune Butter in den Semmelknödelteig und aufs Bachforellenfilet, ist die Krönung jeder reschen Brezn und wird von vielen als Geheimtipp für einen richtig schön cremigen Obazden gehandelt. Wichtig: zum Kochen Süßrahmbutter verwenden. Sauerrahmbutter gehört aufs Brot.

EIER

Waren entgegen landläufiger Ansicht nicht seit jeher Armeleutezutat, sondern im bäuerlichen Altbayern eine Besonderheit für die warme Jahreszeit. Früher legten Hühner im Winter kaum Eier, weil's für die Aufzucht der Küken zu kalt war. Vielleicht eine Erklärung für das Sonntagsgefühl, das einen heute noch beschleicht, wenn man Kaiserscharrn und Eierspätzle, Vanillesoße oder Apfelkücherl im eierluftigen Ausbackteig vorgesetzt bekommt.

FISCH

Die leichte bayerische Küche gilt als Paradoxon par excellence; beim Fisch klappt sie aber ganz gut. Auch hier trug die Fastenstrenge früherer Epochen zur Mythenbildung bei: Hechtnockerl, gebackene Forelle und Karpfen, geräucherter Saibling oder gesottener Waller zählten dereinst zum Standardrepertoire jeder rechtschaffenen Kloster- und Familienküche. In der Postmoderne folgte ein Intermezzo tiefgefrorener, zuagroaster Zuchtfische wie Pangasius, Tilapia oder Zander dubioser Provenienz. Heute besinnt man sich im Freistaat Gott sei Dank wieder mehr auf die heimischen Süßwasserschätze. Auch der Waller steht wieder öfter auf der Karte.

KALBFLEISCH

Ist – historisch besehen – der eigentliche Star der altbayerischen Fleisch- und Bratenküche. Bis Mitte des 20. Jahrhunderts waren Kalbsherz und Lüngerl, Kalbshaxen und Kalbsnieren weitverbreitete, bürgerliche Wirtshauskost. Bis vor Kurzem eher selten zu finden, weil der Schweinsbraten das zarte Kalb ein paar Jahrzehnte lang in den Schatten gestellt hatte. Erlebt glücklicherweise gerade wieder eine Renaissance.

KÜMMEL

Das i-Tüpfelchen vieler kulinarischer Besonderheiten des Freistaats: kein fränkisches Holzofenbrot, keine Rostbratwurst, kein Schweinsbraten und auch kein Biergulasch ohne Kümmel. Kam vermutlich durch die Römer über die Alpen. Gilt als Geheimtipp für Obazden, Bratkartoffeln, Krautsalat und Blutwurstgröstl. Niemals gemahlen kaufen, weil das Aroma sofort verduftet. Immer im Ganzen verwenden. Oder mörsern.

MAJORAN

Klein und oho! Wieder so ein Mini mit Maximaleffekt: Fränkische Bratwurst, Leberwurst und Leberknödel, Kartoffelsuppe und gefüllte Kalbsbrust, Rahmschwammerl, Krautwickerl und Kartoffelgulasch erhalten durch Majoran das gewisse bayerische Ohlàla. Wer ihn frisch im Garten hat – bitte sehr. Besser noch schmeckt er getrocknet. Am besten kurz vorm Fertigstellen ins warme Gericht rebeln – mmmhh!

MUSKAT

Nicht nur die Weißwurst, auch der Kartoffelbrei, Reiberdatschi, Rahmspinat, Leberknödel oder das Kalbslüngerl haben in Bayern vom Expansionsdrang des Feldherrn Napoleon profitiert. Vollendet schmecken diese gutbürgerlichen Klassiker nämlich nur mit einer anständigen Prise frisch geriebener Muskatnuss. Inspiriert von der französischen Grande Cuisine trat das Gewürz während der napoleonischen Ära seinen Siegeszug durch die bayerischen Küchen an – erst bei Hofe, dann im Bürgertum und schließlich im Wirtshaus.

PETERSILIE

Tusch! Die ungekrönte Königin der bayerischen Gewürzkräuter. Hier mal nur eben zum Verdeutlichen eine unvollständige Liste ihres treuen Gefolges: Semmelknödel, Weißwurst, Wiesnhendl, Kartoffelsalat, Fleischpflanzerl, geröstete Eierschwammerl und Steinpilze, Kalbslüngerl oder Saibling und Forelle blau wären ohne sie nicht halb so fürstliche Genüsse. Wichtig: Die krause Petersilie reicht nie ans Aroma der glatten heran!

RAHM

Hüftgold vom Feinsten, das für die richtige Dirndlfigur sorgt. Namenspate für sehr beliebte bayerische Klassiker wie den Millirahmstrudel, die Rahmschwammerl oder die Rahmsoße (zum Beispiel zum Kalbsbraten). Verleiht der Bayerisch Creme ihre Verführungsmacht, den Dampfnudeln ihren Vanillesoßenspiegel, dem schwäbischen Scheiterhaufen seine Cremigkeit und dem Rahmspinat den alpinen Blubb.

SCHNITTLAUCH

Auch so ein Kandidat, der beim Anrichten der Speisen gern mal übersehen wird, aber dann schmerzlich fehlt, wenn man ihn vergisst. Gehört frisch geschnitten auf jeden Wurstsalat, auf Käsespätzle und die klare Rindssuppe. Toppt Vogerlsalat, Butterbrot, Butterbrezn und

Grießnockerl. Darf niemals gekocht werden, weil er dann zur faden Nockn wird.

SEMMELN

Semmelknödel, Semmelschmarrn, knusprige Semmelwürfel für die Suppe, Semmelkren, Semmelmehl zum Panieren oder Süßspeisen wie der schwäbische Ofenschlupfer alias Scheiterhaufen – die Variationsbreite der Gerichte, die sich aus Semmeln zaubern lassen, sind im agrarisch geprägten Freistaat beinahe unerschöpflich. Auf dem Land hat man halt immer schon gelebt, wofür man heute einen Begriff braucht: „Nachhaltigkeit“ bedeutete einst, dass man nichts wegschmeißt, auch und erst recht keine altbackenen Semmeln.

SPECK

Was der Württemberger als „Fettlebe“ abtut, feiert in der bayerischen Küche fröhliche Urständ. Hier lässt sich's noch ungeniert in g'wamperten Genüssen schwelgen, denen der geräucherte Bauernspeck erst die nötige Hemdsärmeligkeit verleiht. Wird gern kross gebraten in Würfelform verwendet, etwa zum Krautsalat, auf und im Semmelknödel, zu Gröstl jeder Art und natürlich: einfach pur. Ein persönliches Speckmesser gehört in Bayern zum guten Ton.

ZITRONENSCHALE

Erhielt im Barockzeitalter die höheren Weihen als Zutat für königliche Genüsse, auch wenn Bayern damals noch gar kein Königreich war. Verleiht der Weißwurst ihre noble Finesse, adelt das Wiesnhendl wie auch die Soße vom Böfflamott, verleiht dem Kaiserschmarrn seine frische Note und macht aus einem gewöhnlichen Apfel- oder Topfenstrudel eine glamouröse Angelegenheit.

ZWIEBELN

Altbayerisch auch „Zwiefe“ genannt, mit dem dazugehörenden Pronomen: da. Da Zwiefe ist – da gibt es keinen Zweifel – das Um und Auf der bayerisch-fränkisch-schwäbischen Küche. Keine blauen Zipfel, keine Käsespätzle, kein Wurstsalat und kein Schweinskalbsrindersonstwas-Braten ohne Zwiebeln, auch keine Semmelknödel und keine selbst angesetzte Fleischsuppe, kein Gröstl und kein gar nichts. Gehört zur Grundausstattung des Lebens im Freistaat wie die weißen Wolken zum blauen Himmel.

Allgäu & Schwaben

Alm- und Käsereiwirtschaft sucht man in Oberbayern zumeist vergebens. Im Allgäu wird die ehrwürdige alpine Tradition gepflegt. Käsespezialitäten privater Manufakturen kann man hier teilweise vor spektakulärer Bergkulisse genießen. Fernab von touristischen Hotspots lässt sich im alemannisch gefärbten Sprach- und Kulturraum des Freistaats manch kulinarische Perle aufspüren – Slow Food findet in diesem Bezirk immer mehr Unterstützer.

Schloss Blumenthal

Biergarten. Gasthaus. Hotel

Ein Augenschmaus ist allein schon die Fahrt nach Blumenthal. Das Wittelsbacher Land, wie die Gegend heißt, wartet mit Dörfern und Marktflecken auf, die sich beim schmuck Herrichten und Herausputzen geradezu überbieten. Dazwischen: Bächlein, die sich durch Talgründe schlängeln, Streuobstwiesen, Hügel und Kapellen – eine Landschaft, in die man sich vergucken kann.

DER BRUNNEN PLÄTSCHERT

Und mittendrin: die Schlossanlage Blumenthal. Ein Kleinod, das mindestens schon seit 1296 besteht. Erst diente es dem Deutschherrenorden, dann den Fuggern. Seit 2007 ist es das Zuhause einer Gemeinschaft von Enthusiasten, die das denkmalgeschützte Ensemble liebevoll restauriert und wieder zu dem Schmuckstück gemacht haben, das es einst war. Aus dem Fuggerschloss wurde ein Hotel mit Flair, ideal für Hochzeiten. Vor dem Portal plätschert ein Brunnen; ein Kätzchen sonnt sich an der Mauer. Im Innenhof der Schlossanlage bieten steinalte Buchen und Kastanien einer kleineren Herde von Lamas Schatten – und einer äußerst munteren größeren Herde von Biergartenbesuchern. Hier an einem sonnendurchfluteten Tag bei Weißwurst, Spanferkel und Bratwürstchen in Bio-Qualität zu sitzen, macht es einem leicht, sich wie in einem opulent ausgestatteten Historienfilm zu fühlen.

IM HIER UND JETZT

Das bernsteinfarbene Blumenthaler Bier und die Kruste des Bio-Schweinsbratens in Dunkelbiersoße holen einen dann aber glücklicherweise schnell wieder ins Hier und Jetzt. Gut so! Denn die Gegenwart auf Schloss Blumenthal schmeckt mit Sicherheit weitaus frischer als das, was die Fugger hier genossen haben. Die Herrschaften hatten bestimmt nicht eine so stattliche Auswahl gartenfrischer Salate, kein Saiblingsfilet mit karamellisierten Karotten, kein Tiroler Gröstl, keine Spinatkäseknödel und gewiss nicht so butterfeine Kuchen. Alles nachhaltig, frisch und mit saisonalen Produkten aus der Nachbarschaft. Die Blumenthaler leben und wirtschaften nach demokratischen Grundsätzen. Aber der Genuss in ihrem Gasthaus und Biergarten ist königlich!

Schloss Blumenthal – Gasthaus & Biergarten
Blumenthal 1, 86551 Aichach
Tel.: 08251 8904140, www.schloss-blumenthal.de
Öffnungszeiten: Sommer Mo.–Fr. 18–22 Uhr (Biergarten 15–22 Uhr), Sa., So. und an Feiertagen 11–22 Uhr (auch Biergarten), bei Schlechtwetter und im Winter ist der Biergarten geschlossen

---

Mit dem Auto: *auf der Verbindungsstraße Dachau–Aichach über Altomünster bis Klingen und dort der Beschilderung bis Blumenthal folgen.* ***Mit dem Rad:*** *Blumenthal liegt mitten im Wittelsbacher Land, das viele Radrouten bietet (www.wittelsbacherland.de).* ***Ausflugsziele in der Nähe:*** *Altomünster, Wittelsbacher Land mit Wasserschlösschen Unterwittelsbach und Wallfahrtskirche Maria Birnbaum, europäische Sisi-Straße.*

Dahoam-Faktor

- Neues Leben im alten Schloss
- Biergartenvergnügen in barocker Kulisse

Klosterbräuhaus Ursberg

Restaurant. Biergarten. Hotel

„Sehr zum Prost!“, sagt der junge Kellner, stellt das unfiltrierte Zwickelbier vor uns hin und lächelt ausnehmend freundlich. Rappelvoll ist es sonntagmittags in der dunkel getäfelten Gaststube des Ursberger Klosterbräu. Die Bedienungen haben wirklich alle Hände voll zu tun und bleiben doch ganz entspannt. Für jeden Gast haben sie ein nettes, zugewandtes Wort.

So sieht er aus: der gemütliche Sommerabend unter Kastanien im Klosterbräu-Biergarten.

HAARFEIN UND BUTTERZART

Das gute Miteinander wird rund um die Ursberger Klosteranlage, in der seit 1623 Bier gebraut wird, bewusst gepflegt. Klosterbräuhaus und Hotel sind Mitglied bei Slow Food und weisen sich als besonders familienfreundlich und zuvorkommend für Menschen mit Behinderung aus. So spürt man hier allenthalben eine offene, warmherzige Atmosphäre, zu der das ausgezeichnete Essen bestens passt. Jeden Sonntag gibt es Spanferkelbraten in Bockbiersoße, und als die Bedienung den Bratenteller bringt, müssen wir uns schon sehr zusammenreißen, das Wasser im Munde nicht gleich sturzbachartig zusammenlaufen zu lassen. Was für ein Anblick! Da machen die Schwaben den Oberbayern einmal vor, wie ein anständiger Krustenbraten geht: das Fleisch butterzart, der Kartoffelknödel locker und mit nussig duftender Böselbutter beträufelt, der Krautsalat ein Gedicht aus haarfeinst geschnittenem Weißkraut mit kleinst gewürfelten und daher doppelt knusprigen Grammeln.

EINMAL RAUF UND RUNTER

Man könnte auch das Zwickelbiergulasch mit Brezn-Ricotta-Soufflé, Eierflädle mit Gemüse, die Käsespätzle, die schwäbische Festtagssuppe mit Leberspätzle in Tafelspitzbrühe oder überhaupt die ganze Karte rauf und runter probieren! Wenn man nicht draußen unter den Kastanien, sondern drinnen in einer der beiden Gaststuben sitzen möchte, sollte man am Wochenende unbedingt reservieren (und während des Blasmusiksommers, der im Biergarten stattfindet, sowieso).

GEHT DOCH!

Die Wirtsleute beziehen das Fleisch von ausgesuchten Lieferanten und das Gemüse aus der benachbarten Klostergärtnerei. Die produziert rund ums Jahr Salate und Gemüse der Saison, vom Ackersalat (Feldsalat) bis zur Zucchini; täglich kommt alles frisch und erntereif in die Küche. Kurze Lieferwege, die nicht nur regional, sondern nachgerade lokal ausgerichtet sind – mit diesem Erfolgsrezept stellt das Klosterbräuhaus unter Beweis, dass ein viel besuchtes Gasthaus durch die Bank frisch gekochte Qualität auf hohem Niveau bieten kann. Das wünscht man sich öfter. Und darauf: ein Prost!

Das Auge isst mit – festlich gedeckt und mit traumhaftem Ausblick lässt es sich bestens feiern.

Klosterbräuhaus Ursberg
Dominikus-Ringeisen-Straße 2, 86513 Ursberg
Tel.: 08281 99890, www.klosterbraeuhaus.de
Öffnungszeiten: Mo.–So. 7–23 Uhr

Mit dem Auto: *Autobahn München–Stuttgart, Ausfahrt Jettingen-Scheppach; Autobahn München–Lindau, Ausfahrt Mindelheim; Autobahn Würzburg–Kempten, Ausfahrt Illertissen.* ***Mit dem Rad:*** *Der Schwäbische Barockwinkel zwischen Augsburg, Günzburg und Krumbach ist ein beliebtes Radlergebiet. Streckeninfos z. B. über www.donautal-radelspass.de.* ***Ausflugsziele in der Nähe:*** *Klostermuseum mit Klosterbibliothek Ursberg; Legoland Günzburg, Bayerisches Schulmuseum Ichenhausen, Krumbacher Wachsmuseum.*

Dahoam-Faktor

- Lebendig, herzlich, aufgeschlossen
- Schwäbische Küche, die Leib und Seele wärmt

DIE DOS UND DON'TS IN WIRTSHAUS UND BIERGARTEN

Obacht! Die Bayern, Franken, Oberpfälzer und Schwaben sind aufgeräumte Leute. Aber ein paar Dinge gibt es eben doch, wo sie sich ein bisserl unbehaglich fühlen. Etwa, wenn man sich in ihrem Allerheiligsten, dem Biergarten oder Wirtshaus, sprachlich danebenbenimmt.

AUFMASCHELN

DON'T: Entgegen der Meinung von Lifestyle-Illustrierten muss man sich für den Wiesn- und Biergartenbesuch nicht über die Maßen aufbrezeln. Polyester-Dirndl mit Spitzenschürze oder Dirndlkostüme mit Minirock und Neon-Karomuster vom Outlet-Store weisen ihre Trägerin hundert Meter gegen den Wind als Hascherl aus Dingsda aus.
DO: Aufdressen darf man hingegen die bierklebrige Tischplatte im Biergarten, zum Beispiel mit einem schmucken Geschirrtuch.

BREZN

DON'T: Heißen, wenn sie singulär begehrt werden, auf Bayerisch Brezn, auf Salonmünchnerisch Breze, auf Fränkisch und Schwäbisch Brezel, dürfen aber niemals mit hartem T bestellt werden (Bretzel), weil das aufgebrezelt wirkt (Zugereisten-Alarm). **DO:** Mit den Fingern essen. Stücke davon abbrechen oder mit *vui Gfui* abreißen und dann beherzt in zimmerweiche Butter tauchen.

FROLLEIN

Hat mit dem Ableben von Marlene Dietrich ein für alle Mal das Zeitliche gesegnet.
DON'T: Man rufe die Bedienkönigin im Wirtshaus nicht wild fuchtelnd mit „Frollein!" herbei.
DO: Entschieden mehr Wirkung zeigt eine souverän zur Schau gestellte Wurschtegal-Haltung, gepaart mit freundlichem Blickkontakt und der provozierend demonstrativen Grundhaltung: Wir haben alle Zeit der Welt. So schnell war das Bedienfräulein noch nie am Tisch, wetten?!

MASS

DO: Es heißt: die Maß. Gesprochen: Mass, wie nass. **DON'T:** Ein Graus für jedes bayerische Ohr ist es, wenn einer seine Biersause so bestellt: „Ich hätte gern ein Maaaahhs." Brrrr! Da schüttelt's uns! Wer noch am Üben ist und nicht grad auf der Wiesn, kann auch eine Halbe im Willibecher bestellen. So heißt das leicht gebauchte Allerwelts-Wirtshausglas für einen halben Liter Bier.

SERVUS

DO: Setzt man sich im vollen Wirtshaus oder Biergarten zu anderen an den Tisch, muss man nicht krampfhaft die Zunge verrenken, wenn man des Bayerischen nicht mächtig ist. Man darf auch „Hallo" sagen. Besser noch: Grüß Gott. **DON'T:** „Man sieht sich!" ist beim Gehen unterste Schublade. Auch auf der Wiesn, nach dem Flirt. Besser: Sag zum Abschied leise Servus.

STÜCK

Hier geht's um die Weißwurst. **DON'T:** Ebenselbige werden nicht gepaart. Wenigstens nicht beim Bestellen. **DO:** Man sage daher korrekterweise zur Bedienung: „Für mich bitte zwei (drei, vier, fünf) Stück Weißwürst'" (auch das e wird verschluckt). Sofort wird sich das Gesicht der Kellnerkönigin aufhellen. Und Sie werden fürderhin wie Einheimische bedient (also nur halb so grantig).

TRINKGELD

Jetzt im Ernst: In vielen großen Biergärten wuseln jede Menge mickrig bezahlter, fleißiger Helfer umher, die fettige Steckerlfischteller, zerrissene Zitruserfrischungstücher für die Hendlfinger, klebrige Maßkrüge und pappige Brotzeitreste abräumen. **DO:** Die Jungs freuen sich über ein nettes Trinkgeld. **DO:** Und ein freundliches Dankeschön.

VEGAN

Richtigstellung und entschiedenes **DON'T:** Vegane Münchner Weißwürst' gibt es nicht. Auch keine veganen Fränkischen Bratwürste, Rostbratwürste, Wollwürste, G'schwollene, Regensburger & Co. Es gibt vegan. Und es gibt Wurst.

V-WORT

Der Biergarten am Viktualienmarkt ist weltberühmt. Berüchtigt hingegen ist die Frage nach dem Wohin: Wo bitte geht's zum Viktualienmarkt? Dies korrekt auszusprechen, erfordert einen gewissen sprachlichen Mut. **DO:** Man sagt: Fiktualienmarkt. So wie der Karl Valentin ja auch „Falentin" ausgesprochen wird. (**DON'T:** Zum Vogel sagt man ja auch nicht: Wogel.)

WURSCHTEGAL

DO: Wer über das Talent verfügt, sich mit Charme über Regeln hinwegzusetzen, darf die genannten Tipps natürlich ruhig in den Wind schießen. Leben und leben lassen!

Gasthaus Settele

Restaurant. Biergarten. Kochschule

Fragt man in Augsburg ein bisschen herum, wo man hier eine authentisch bayerisch-schwäbische Küche genießen könne, bekommt man fast überall dieselbe Antwort: „Na, beim Settele natürlich!" Das mag unter anderem daran liegen, dass das Gasthaus Settele schon seit dem Jahre 1905 in der Familie ist und heute bereits in der vierten Generation weitergeführt wird.

VON NAH UND FERN

Es liegt aber auch ganz sicher daran, dass es die Familie Settele geschafft hat, den guten Ruf ihres Gasthauses über einen so langen Zeitraum zu bewahren. Das Erfolgsgeheimnis klingt simpel: Was Bestand haben soll, muss sich immer wieder erneuern. Als die Setteles ihre Gasträume vor nicht allzu langer Zeit neu gestalten ließen, ist es ihnen gelungen, Tradition und Moderne überzeugend miteinander zu verbinden. Es ist durchaus eine Kunst, ein alteingesessenes Wirtshaus, in dem die nachbarschaftlichen Vereine und Familien seit eh und je einkehren und übers Jahr ihre Festivitäten feiern, so erfolgreich aufzupolieren, dass die Leute jetzt sogar von weiter her kommen, um einmal in diesem chic-urbanen Ambiente ein paar Kässpätzle zu genießen. Und gleichzeitig die Leute aus der Gegend es immer noch so urgemütlich finden, dass sie dem Settele die Treue halten.

SEIT EH UND JE

In der Tat haben die Inneneinrichter den schwierigen Grat zwischen Eleganz und Behaglichkeit haarscharf austariert. Und der Koch Stefan Settele bekommt den Spagat in seiner Küche ebenfalls meisterhaft hin. Was er alles draufhat, beweist er mit seiner saisonal wechselnden Speisekarte und mit seinen Klassikern: Vom hausgebackenen Brot über die Brätstrudelsuppe bis zu den Kässpatzen und dem Rostbraten wird alles in tadelloser

Im Settele sitzt man urgemütlich und wird besonders warmherzig und prompt bedient.

Qualität mit Liebe zubereitet und blitzsauber auf den Tellern arrangiert. Setteles unterstützen die Landwirte der Region – das schmeckt man.

Gasthaus Settele
Martinistraße 29, 86179 Augsburg-Haunstetten
Tel.: 0821 84086, www.gasthaus-settele.de
Öffnungszeiten: Mi.–So. 11.30–14 Uhr und 18–22 Uhr, Ruhetage: Mo. und Di.

Mit dem Auto: *Autobahn München–Stuttgart, Ausfahrt Dasing, von dort über die B 300 via Friedberg nach Augsburg-Haunstetten.* ***Mit dem ÖPNV:*** *Von Augsburg mit der Tram, Linie 2 oder Linie 3, oder dem Stadtbus, Linie 24 oder Linie 25.* ***Ausflugsziele in der Nähe:*** *die Augsburger Innenstadt mit Fuggerei; Schaezlerpalais, Textil- und Industriemuseum, Augsburger Puppenkiste.*

Dahoam-Faktor

- Bayerisch-schwäbische Heimatküche vom Feinsten
- Dreiklang aus gestern, heute, morgen

Restaurant. Events. Catering

Kühners Landhaus

Einen Zwiebelrostbraten muss man natürlich probieren, wenn man in Bayerisch-Schwaben zu Gast ist. Aber von dieser so angenehm zwischen zwiebeliger Knusprigkeit, sämiger Soßigkeit und zarter Fleischlichkeit hin und her changierenden Leibspeise gibt es solche und solche. Der Zwiebelrostbraten von Kühners Landhaus jedenfalls ist unbedingt ein solcher!

Schwäbische Gastlichkeit auf hohem Niveau – die gibt's ausgerechnet hier: in Bayern!

QUALITÄT ÜBER ALLES

Sogar ein nahezu maßstäblicher Vertreter dieser klassischen schwäbischen Spezialität. Andreas Kühner hat ein feines Gespür für Fleisch. Für Herkunft, Reifung, sorgfältige Zubereitung. Schlicht: für Qualität. Er bezieht sein Fleisch und Wild nicht nur aus dem Wittelsbacher Land, jener Region, in der sein Restaurant beheimatet ist und die früher den Wittelsbachern als Jagdgrund diente. Er lässt es auch im hauseigenen Reifeschrank mindestens 28 Tage lang ruhen, auf gut Neubayerisch: dry agen. Der junge Kühner ist einer jener vorbildlichen Köche und Gastronomen, für die Qualität nicht verhandelbar ist. Diese Haltung kommt auch seinem Zwiebelbraten zugute. Ausnehmend zart ist der, sagenhaft nussig im Geschmack. Perfekt gebraten. Und das Drumherum? Ebenfalls gekonnt! Knackiges Gemüse; die Soße hat Tiefe, der dazu empfohlene Wein: famos.

EIN FESTSCHMAUS

Ja, man kann ins Schwärmen geraten, wenn man es sich in Kühners Landhaus zwischen historischen Holzbalken, Sitzpolstern und dem sanften Licht gemütlich macht. Oder im Sommer auf der schönen Terrasse! In diesem Familienbetrieb stehen Regionalität und Saisonalität nicht als Lippenbekenntnis auf irgendeinem Etiketterl – sie werden gelebt. Die Schmankerlwochen zur Spargelzeit locken ebenso viele Genießer hierher wie die legendären Ganserlwochen zu Kirchweih und Martini. Da muss man unbedingt reservieren. Und sollte sich der tollen Weine auf der Karte wegen am besten gleich ein Zimmer in der Nähe nehmen.

Kühners Landhaus
Gewerbering 3, 86438 Kissing
Tel.: 08233 20005, www.kuehners-landhaus.de
Öffnungszeiten: Mi.–So. 11.30–14.30 Uhr und ab 18 Uhr, Ruhetage: Mo. und Di.

Mit dem Auto: *von Augsburg via B 2 in südöstlicher Richtung bis Kissing; Autobahn München–Stuttgart, Ausfahrt Odelzhausen; von dort via Ried der Landstraße bis Kissing folgen.* ***Mit dem Rad:*** *Kissing liegt im Wittelsbacher Land, das viele Radrouten bietet.* ***Ausflugsziele in der Nähe:*** *Augsburg, europäische Sisi-Straße, Friedberg.*

Dahoam-Faktor

- Festlich tafeln, wo die Wittelsbacher jagten
- Ganze Ganserl werden am Tisch tranchiert

Gudde
Morge!

SCHWÄBISCHE SEELEN

mit Kümmel, Hagelsalz und viel Geduld

Zutaten für 6 Stück

Für den Vorteig: 2 g frische Hefe | 100 g Dinkelmehl (Type 630)
Für den Teig: 15 g frische Hefe | ½ TL flüssiger Honig
400 g Weizenmehl (Type 550) | 1 TL Salz
Außerdem: Mehl zum Verarbeiten | ganzer Kümmel und
Hagelsalz zum Bestreuen

1 Am Vortag die Hefe mit 125 ml lauwarmem Wasser in einer Schüssel verrühren. Mehl mit einem Holzlöffel unterschlagen, bis ein glatter Teig entsteht. Vorteig mit Frischhaltefolie zugedeckt bei Zimmertemperatur 15 Stunden gehen lassen.

2 Für den Teig die zerbröckelte Hefe in einer Schüssel mit dem Honig und 250 ml lauwarmem Wasser verrühren. Das Mehl auf den Vorteig und darauf den frischen Hefeansatz geben. Alles mit den Knethaken des Handrührgeräts auf niedriger Stufe 4 Minuten kneten. Salz hinzufügen und weitere 8 Minuten auf hoher Stufe kneten. Den klebrigen Teig in einer bemehlten Schüssel mit einem Küchentuch zugedeckt 45 Minuten ruhen lassen.

3 Teig in der Schüssel mit angefeuchteten Händen in 3 Portionen teilen, diese jeweils zu 3 Strängen formen und in sich spiralförmig zu einer Kugel verdrehen. Teigkugeln zugedeckt 45 Minuten gehen lassen. Erneut wie beschrieben zu 3 Kugeln verdrehen, weitere 5 Minuten gehen lassen. Den gesamten Teig auf die bemehlte Arbeitsfläche geben, mit Wasser besprühen, offen 30 Minuten gehen lassen.

4 Backofen auf 240 °C vorheizen, dabei ein mit Wasser gefülltes tiefes Backblech mit erhitzen. Den Teig mit angefeuchteten Händen in 6 Portionen teilen, leicht länglich formen und auf ein mit Backpapier ausgelegtes Backblech legen. Mit Wasser besprühen und 5 Minuten ruhen lassen.

5 Die Seelen mit Kümmel und Hagelsalz bestreuen. Das Blech mit dem Wasser aus dem Ofen nehmen. Die Seelen im Ofen auf der untersten Schiene 10 Minuten backen. Temperatur auf 210 °C reduzieren und die Seelen weitere 10 bis 15 Minuten fertig backen.

Landgasthof. Biergarten. Hotel
Waldvogel

Leipheim im Donautal liegt bei Günzburg. Und bei Günzburg liegt: das Legoland! Und was mögen Kinder außer Legospielen sonst noch gern? Pommes! Da sind sie mit ihren Eltern im charmanten Waldvogel genau an der richtigen Adresse. Die Familie Ihle, die den Landgasthof unter ihren Fittichen hat, betreibt auch eine eigene Landwirtschaft. Unter anderem mit Kartoffeln.

Das Holzofenbrot ist ein echter Genuss – es wird mit Butter oder Kräuterfrischkäse als Vorspeise angeboten.

DER WEG IST GRÜN …

Alles im grünen Bereich: Chinakohl, Rucola, Lauch, Kürbisse und Zucchini wachsen hier auf den Feldern der Ihles. Dazu Kräuter wie Senfkresse oder Portulak, essbare Blüten, Salate und seltene und nicht so seltene Kartoffelsorten. Der Waldvogel ist Mitglied in der Vereinigung der schwäbischen Kartoffelwirte. Was nicht im familieneigenen Betrieb wächst, liefern ausgewählte Landwirte, Jäger, Käsemacher und sonstige Leckerhandwerker aus der Umgebung. Ihre Namen kann man auf der Speisekarte studieren. Sogar die Herkunft der Pommes ist vermerkt! In diesem traditionsreichen Haus, das spürt man sofort, steckt viel Herzblut. 1928 hatte der Großvater mit einem Ausflugslokal begonnen und damit die vielsagende Adresse begründet: Grüner Weg.

… DER GENUSS RESCH

Der Name ist Programm! Ob selbst gemachter Apfelmost oder Quittensaft, Kartoffelspätzle, Kartoffelstrudel, Fleischgerichte, Salatkreationen, Apfelstrudel oder Kaiserschmarrn – hier kommen Groß und Klein in den Genuss liebevoll gekochter Saisonküche mit sympathisch naturverbundener Note. Die Familie unterstützt Fair Trade, betreibt ihr Anwesen nach einem nachhaltigen Energiekonzept und verarbeitet die Früchte von den eigenen Streuobstwiesen zu Saft und Marmelade. Die Chefin ist darüber hinaus eine Meisterin im Brotbacken.

Jeden Freitag findet im Waldvogel der Backtag statt. Der hat sich einen Ruf erworben, die knusprigen Brotlaibe und Kartoffelbrote werden mittags Schlag zwölf dampfend heiß aus dem Ofen geholt. Und wer dächte bei solch heimeligem Seelenfutter noch an Pommes frites?

Landgasthof Waldvogel
Grüner Weg 1, 89340 Leipheim
Tel.: 08221 27970, www.wald-vogel.de
Öffnungszeiten: Mo.–So. 7–1 Uhr

Mit dem Auto: *Autobahn München–Stuttgart, Ausfahrt Leipheim.* ***Mit dem Rad:*** *Leipheim liegt an den beiden internationalen Fernradwegen Donau-Radweg und EuroVelo-Radweg.* ***Ausflugsziele in der Nähe:*** *Legoland Günzburg, Stadt Günzburg, Ulm mit Ulmer Münster.*

Dahoam-Faktor

- Wo der Wirt noch Landwirt ist
- Familienfreundlicher Genuss im Grünen

GEWACHSENE TRADITION

Joachim Kaisers Genießertipps

Ich lebe und arbeite im Ries, bin hier fest verwurzelt und möchte dieses besondere Terroir meinen Gästen vermitteln. Die Voraussetzungen für hervorragende Qualität sind in dem Rieser Mikroklima nämlich bestens. Mit den Jahren habe ich mir ein Netz engagierter Genussmanufakturen, Gastronomen, Köchinnen und Köche aufgebaut, die mit Leidenschaft die Tradition heimischer Produkte pflegen. Nicht unbedingt nur im Ries – auch bis ins Schwäbische und Fränkische hinein.

FÜRST WALLERSTEIN BRAUHAUS

Berg 78, 86757 Wallerstein, Tel.: 09081 782220
www.fuerstwallerstein-brauhaus.de

Ob Keller- oder Bockbier, Märzen, Helles oder Weißbier – bei den Bieren des Fürstlichen Brauhauses schmeckt man die Handwerkskunst und die Liebe zur Brautradition. Hier wird schon seit 1598 gebraut. Besonders angetan hat es mir das Wallerstein Winterböckle, ein dunkler Doppelbock nach alter Rezeptur, den wir jedes Jahr auf dem Nördlinger Weihnachtsmarkt auf überraschende Weise präsentieren. Wie, verrate ich nicht. Das muss man vor Ort erleben – und schmecken!

WALDSCHÄNKE EISBRUNN

Eisbrunn 1, 86655 Harburg, Tel.: 09080 9239100
www.eisbrunn-harburg.de, Öffnungszeiten: Mo.-So. ab 11 Uhr (Frühling u. Sommer), Ruhetage nur in Herbst und Winter: Di. u. Mi.

Mitten im Wald, ein Idyll mit Flair und herausragender Küche. Wirtin Kathrin Meyer hat bei mir im Haus gelernt, dann bei Hans Haas gearbeitet. Was sie mit Partner Daniel Gutl in dem schönen Wirtshaus mit Biergarten an Gastlichkeit und Kochkunst bietet, ist einfach richtig, richtig gut!

ARND ERBEL – BÄCKEREI ERBEL

Hindenburgplatz 1, 91462 Dachsbach
Tel.: 09163 8096, www.arnderbel.de
Öffnungszeiten: Di.-Fr. 6.30-18 Uhr, Sa. 6.30-13 Uhr, jeden Samstag auf dem Schlossplatz in Erlangen

Arnd Erbel ist in der handwerklichen Bäckerszene bekannt wie ein bunter Hund. Er nennt sich Freibäcker. Ein witziger, sensationeller Typ, der richtig was kann! Hält die Fahne des traditionellen Backhandwerks hoch und verbindet Brotbacken mit Haltung. Seine Sauerteigbrote! Aber auch der Würzlaib, das Himmelbrot, Brioche, Walser Roggenvollkorn – ich gerate ins Schwärmen. Und erst die Lebkuchen!

GASTHAUS ZUR SONNE

Untermagerbein 16, 86751 Mönchsdeggingen
Tel.: 09088 292, www.landgasthaus-sonne.de
Öffnungszeiten: Di., Fr., So. ab 9.30 Uhr, Mi. u. Do. ab 17.30 Uhr, Sa. 9.30–13 Uhr, Ruhetag: Mo. (Oktober–März: Mi. geschlossen)

Gerhard Schreitmüller vom Gasthaus zur Sonne ist Metzgermeister mit eigener Schlachtung und eigener Jagd. Das schmeckt man seiner Küche an! Er macht mit mir zusammen unseren hauseigenen Culatello, den wir in unserem Keller länger reifen lassen als die italienische Rezeptur vorgibt, nämlich 30 Monate. So kann sich der Fermentationsgeschmack noch feiner entwickeln. Ich glaube, der Gerhard und ich sind die Einzigen, die nördlich der Alpen so einen Culatello produzieren. Das hat sich herumgesprochen.

SALOMON'S KOI

Weiherweg 3, 91602 Dürrwagen-Halsbach
Tel.: 0171 8200708
www.salomons-koi.de

Diese kleine, nachhaltig wirtschaftende Fischzucht liegt in einem der bekanntesten Karpfenzuchtgebiete Deutschlands bei Dinkelsbühl. Sie ist unter anspruchsvollen Koi-Liebhabern bekannt. Hier werden aber auch Störe von ausgezeichneter Qualität gezüchtet – über zehn verschiedene Arten. Ich beziehe meinen Stör von hier sowie feinsten Beluga-Kaviar.

Wirtshaus Meyers Keller, Marienhöhe 8, 86720 Nördlingen
www.meyerskeller.de, Küchenzeiten Wirtshaus: Mi. 18–22 Uhr, Do.–So. 12–14 und 18–22 Uhr, Ruhetage: Mo. und Di.

JOACHIM KAISER zählt zu den etablierten Spitzenköchen Deutschlands. Sein Restaurant Meyers Keller hat einen Stern im Guide Michelin. Er ist bekannt für seine kreative Kochkunst, die regionale mit europäischen Traditionen so bodenständig wie individuell vereint. Er unterstützt Slow Food und ist Spiritus Rector der Initiative „Geopark Ries kulinarisch".

Alpin Lodge & Spa
Hubertus

Rauf geht's in luftige Höhen! Vorbei an Felsen und Schluchten, den Riedbergpass hinauf, auf gut 1400 Meter, mitten hinein in die Bilderbuchlandschaft der hochalpinen Nagelfluhkette. Eine Welt aus Wäldern und Stille, schroffem Gestein und Gebirg. Balderschwang ist eine der höchstgelegenen Gemeinden Deutschlands. Ein Naturidyll. Und erst der Sternenhimmel dort!

MIT ALLEN SINNEN

Der Bodensee ist nicht weit – er bestimmt das Klima in diesem Hochtal, lässt die Sommer hier heroben fast südlich und die Winter ausgesprochen schneereich sein. Hochmoore kann man hier oben entdecken, Almen voller Almrausch, Sennhütten, Wiesen mit Alpenkräutern und Wälder mit Pilzen und Wild. Den Alltag lässt man hier weit hinter sich. In den Hotelzimmern taucht man ein in eine Welt voll sinnlicher Qualität: „Steinbock" oder „Vogelnest" heißen die lichten, kuscheligen Zimmer. Natur pur, wohin man blickt: Schaffelle, handgewebtes Bauernkaro, Holz, das zum Berühren einlädt. In welch schöner Region man hier zu Gast ist, kann man mit allen Sinnen spüren.

UNVERGESSLICH

Die Ausrichtung des Hotels Hubertus hat sich mit den Jahren vom einfachen Gasthof zum Wellnesshotel geändert. Die Familie, die es betreibt, ist geblieben: Die Traubels führen ihr Haus mit Herz und kluger Hand. Pflegen ihre Stammgäste und begeistern gleichermaßen neue, junge Besucher. Entspannung wird hier großgeschrieben; Sport und Spa. Und natürlich der Genuss! Auf feinem Niveau, mit Geschmack und Sinn fürs Gute. Küchenchef Kristian Knölke zaubert aus den Produkten, die die Jahreszeiten hervorbringen, charmante Gaumenschmeichler, ohne je überspannt zu

Urgemütlich genießen in den Restaurantstuben: Hier gönnt man sich Gourmetgenuss in stilvoller Atmosphäre.

sein. Zu Tisch sitzt man in Stuben, die das alpine Lebensgefühl mit ausgewählten Materialien von traditionell bis modern einfangen, und genießt Kreationen, die so charaktervollen Zutaten wie Bergkäse, Milchkalb, Lamm oder Speck, Beeren, Kräutern, Blüten und feinen Bränden einen unvergesslichen Auftritt bescheren.

HUBERTUS Alpin Lodge & Spa
Dorf 5, 87538 Balderschwang
Tel.: 08328 9200, www.hotel-hubertus.de

Mit dem Auto: *Autobahn Stuttgart-Kempten, Ausfahrt Kempten, über Sonthofen bis Fischen, von dort über den Riedbergpass bis Balderschwang.* ***Mit dem Rad:*** *Im Hochtal um Balderschwang gibt es viele Rad-, Rennrad- und Mountainbike-Routen.*

Dahoam-Faktor

- Unterm weiß-blauen Himmel, aber mit Bodenhaftung
- Ein Sternenzelt wie im Bilderbuch!

Hau
rein!

GEGRILLTE SCHWEINSHAXEN

und Krautsalat mit Speck

Zutaten für 4 Personen

Für die Haxen: ½ Zwiebel | 1 Lorbeerblatt | 2 Gewürznelken | Salz | 4 hintere Schweinshaxen (à ca. 1½ kg) | einige schwarze Pfefferkörner ganzer Kümmel | Pfeffer aus der Mühle
Für den Salat: 800 g Weißkraut (Weißkohl) | Salz | 1 EL Öl | 80 g Speckwürfel 3 EL heller Essig | ½ TL Zucker

1 Die Zwiebel schälen, mit dem Lorbeerblatt belegen und dieses mit den Nelken feststecken. In einem großen Topf reichlich Salzwasser aufkochen. Die Haxen mit Zwiebel, Pfefferkörnern und Kümmel darin zugedeckt bei schwacher Hitze 1½ Stunden kochen.

2 Den Backofen auf 200 °C vorheizen. Ein Ofengitter auf die mittlere Schiene und darunter ein Abtropfblech schieben. Die Haxen aus dem Topf nehmen und die Schwarte mit Salz und Pfeffer würzen. Die Haxen auf das Ofengitter legen und im Ofen 1 Stunde rundum kross braten. Dabei die Haxen mehrmals wenden, damit die Schwarte gleichmäßig braun wird. Falls die Schwarte am Ende der Garzeit nicht ausreichend braun und kusprig ist, für kurze Zeit den Backofengrill dazuschalten.

3 Inzwischen für den Salat den Kohlkopf putzen, vierteln und ohne den Strunk in feine Streifen hobeln oder schneiden. Das Kraut in einer Schüssel salzen, mit den Händen kräftig kneten (so werden die Fasern mürbe) und etwa 30 Minuten ziehen lassen.

4 Das Öl in einer Pfanne erhitzen und den Speck darin knusprig braten. Dann den Essig mit dem Zucker verrühren und mit dem Speck und dem Bratfett über das Kraut geben. Nach Belieben 1 TL ganzen Kümmel ebenfalls dazugeben und alles gut mischen. Den Krautsalat noch etwas ziehen lassen.

5 Die Haxen aus dem Ofen nehmen und mit einem Sägemesser am Knochen entlangschneiden. Den Knochen durch Drehen auslösen. Das Fleisch in Portionen schneiden und mit dem Krautsalat und nach Belieben den Kartoffelknödeln von Seite 22/23 servieren.

Käserei & Verkauf

Dorfsennerei Böserscheidegg

Butter ist nicht unbedingt das Erste, an das man denkt, wenn man sich ins Allgäu aufmacht. Aber schad wär's, man dächte nicht daran! Dann wäre man nämlich nicht mit einer ausreichend großen Kühlbox gewappnet, in die man hineingeben kann, was man im Lädele der Dorfsennerei Böserscheidegg so alles mit großen Augen sieht. Und am liebsten sofort einhamstern möchte!

SCHMALZVERGNÜGEN

Die Sennerei gibt's schon seit 1896. 13 Landwirte haben sich darin zusammengetan. Sie liefern silo- und gentechnikfreie Heumilch an die Sennerei, und die macht daraus Berg- und Schnittkäsesorten, die so würzig sind, dass man beim Betreten des Ladens den Eindruck hat, mitten in einem riesigen Käselaib zu stehen. Aber die Nase nimmt noch andere Nuancen wahr – nach frischer Butter und dickem Rahm. Eintauchen möchte man in dieses Duftbad wonniger Aromen! Das Schwelgen in Schmalz und Butter ist ja eher hinderlich, wenn man ansonsten im Alltag von einer Figur träumt, die an allen Rundungen eckig ist. In Böserscheidegg ist man sehr versucht, solcherart Askese fahren zu lassen. Es hat noch niemanden gegeben, der hier nicht alle Fünfe gerade sein lassen mochte.

KÄSEADEL

Neben Molkenrahmbutter, Butterschmalz, Bergkäse sowie Rahmkäse und verschiedensten Kräuterkäsesorten bekommt man hier in der Westallgäuer Sennerei noch eine andere Spezialität, die allerdings fürs Oberallgäu typisch ist: den Weißlacker (natürlich nicht aus eigener Herstellung). Er gehört unabdingbar in original Allgäuer Kässpätzle hinein, also solche, die noch der ursprünglichen, kraftmeiernden Rezeptur huldigen. Der Weißlacker ist ein salzhaltiger, extrem pikanter Käse ohne Rinde, dessen g'stinkertes Selbstbewusstsein rustikal zu nennen noch eine Untertreibung darstellt. Er riecht gar fürchterlich – und schmeckt großartig. Man kennt das Allgäu nicht, wenn man ihn nicht gekostet hat. Und man weiß nicht, welche Delikatesse Kässpätzle sein können, wenn man sie mit Weißlacker adelt. Man braucht dafür ein bisserl Fingerspitzengefühl – und eine Kühlbox. An die sollte man stets als Erstes denken, wenn man ins Allgäu fährt.

Dorfsennerei Böserscheidegg
Böserscheidegg 12, 88175 Scheidegg
Tel.: 08381 83456
www.kaeserei-boeserscheidegg.de
Öffnungszeiten Sennereiladen:
Mo.–So. und an Feiertagen 7–12 Uhr und 16.30–19 Uhr

Mit dem Auto: *Autobahn München–Lindau, Ausfahrt Sigmarszell, von dort auf der B 308 nach Scheidegg.* ***Ausflugsziele in der Nähe:*** *Kneippkurort Scheidegg mit vielen Sommer- und Winterwanderwegen, Westallgäuer Käsestraße, Oberstaufen, Wangen, Bodensee mit Lindau und Bregenz.*

Dahoam-Faktor

- Feinstes Hüftgold für die Dirndlfigur
- Kernig-uriger Geschmack für Kenner

Spitzen-
Spatzen

ALLGÄUER KASSPATZN

mit Röstzwiebeln

Zutaten für 4–6 Personen

500 g doppelgriffiges Mehl | 6 Eier | Salz
150 g Allgäuer Emmentaler | je 50 g junger und reifer Bergkäse
3 große Zwiebeln | Pfeffer aus der Mühle | etwas Mehl zum Wenden
100 g Butter

1 Für den Spätzleteig das Mehl, die Eier und 1 TL Salz in einer Schüssel mit den Knethaken des Handrührgeräts zu einem glatten, zähen Teig verrühren. Falls nötig, noch etwas Wasser hinzufügen. Den Teig so lange rühren, bis er Blasen wirft. In einem weiten Topf 2 bis 3 l Salzwasser zum Kochen bringen.

2 Den Backofen auf 80 °C (am besten nur Oberhitze) vorheizen. Eine ofenfeste Form oder Pfanne im Ofen vorwärmen. Emmentaler und Bergkäse reiben und mischen. Die Zwiebeln schälen und in Ringe schneiden. Den Teig portionsweise durch den Spätzlehobel oder die Spätzlepresse in das siedende Wasser gleiten lassen. Sobald die Spätzle an der Oberfläche schwimmen, mit dem Schaumlöffel herausheben und in einem Sieb etwas abtropfen lassen.

3 Die Hälfte der Spätzle in die ofenfeste Form oder Pfanne schichten, mit Salz und Pfeffer würzen und etwas Käsemischung darüberstreuen. Den Vorgang wiederholen. Nach Belieben alles durchmischen und im Ofen auf der mittleren Schiene 10 bis 12 Minuten goldbraun überbacken.

4 Inzwischen die Zwiebelringe in etwas Mehl wenden. Die Butter in einer Pfanne erhitzen und die Zwiebeln darin bei schwacher bis mittlerer Hitze goldbraun und knusprig braten. Die Käsespätzle mit den Röstzwiebeln anrichten, nach Belieben mit einem grünen Salat servieren.

INFO

Für traditionelle oberschwäbische Käsespätzle nimmt man immer drei Käsesorten, meist eine Mischung aus einem jungen und einem älteren, kräftigen Bergkäse sowie Emmentaler. Wer mag, wagt sich auch an den traditionellen Weißlacker.

Heumilch-Sennerei Rutzhofen

Sennerei. Produktion & Verkauf

Gourmetbüfett fürs Milchvieh: Auf den Weiden rund um die Westallgäuer Käsestraße gedeihen Schätzungen zufolge an die tausend verschiedene Gräser und Kräuter. Die Kühe, die hier den Sommer über grasen, bekommen im Winter nur Heu, kein Gentechnik- und kein Silage-Futter. Die Milch, die sie geben, hat einen besonderen Namen: Heumilch.

SATTE WEIDEN

Der Weg zur Heumilch-Sennerei Rutzhofen schlängelt sich hügelauf, hügelab entlang der sattgrünen Weiden, die für das Allgäuer Land so typisch sind. Wer sich hier als Landwirt für die Heumilchwirtschaft entscheidet, muss strenge Auflagen erfüllen. Die artgerechte Haltung des Milchviehs gehört dazu. Und das Heu für die Winterfütterung muss selbst eingebracht werden. Früher war das ein alter Hut. Heute ist es eine Besonderheit. Neun Heumilch-Betriebe liefern ihre Milch an die Sennerei Rutzhofen, die sich mit ihrer backsteinernen Fassade idealtypisch in die Kulturlandschaft fügt. Putzig wirkt das, wie aus dem Heimatfilm. Aber man möge sich nicht täuschen: Was die Sennerei an Käsen produziert, zeichnet sich durch eine fast schon kantige Würzigkeit aus, wie man sie von lange gereiften Schweizer Bergkäsen kennt, in Bayern aber nur selten findet.

FETTER RAHM

Der kräftige Rutzhofer Bergkäse, der Emmentaler, Sennrahmkäse oder Alprahmkäse – sie alle sind nicht nur umwerfend gehaltvoll und ausdrucksstark im Geschmack. Sie erzählen auch eine Geschichte: Bis vor gut 300 Jahren kannte man im Allgäu nur sogenannte Sauerkäse – fettarme Käsesorten aus entrahmter Milch, Molke oder Quark. Erst die Sennen aus dem Appenzell brachten Anfang des 18. Jahrhunderts die Kultur des Fettsennens ins Allgäu. Seither wird auch hier mit vollrahmiger Rohmilch gekäst – traditionell im Kupferkessel. Je länger die Käse reifen, desto mehr nähert sich ihr Aroma dem Terroir an, aus dem die Heumilch stammt. Das Allgäu mag auf den ersten Blick lieblich erscheinen. Doch seine Landschaft hat ihre Kanten. Die Rutzhofer Sennerei fängt diese Eigenart ein.

Heumilch-Sennerei Rutzhofen
Rutzhofen 7, 88167 Stiefenhofen
Tel.: 08384 580, www.sennerei-rutzhofen.de
Öffnungszeiten Sennerei-Hofladen:
Mo.–Do. 7–12 und 17–19 Uhr,
Fr. und Sa. 7–12 Uhr und 16–19 Uhr,
So. und an Feiertagen 7–9 Uhr und 17–19 Uhr

Mit dem Auto: *auf der Deutschen Alpenstraße bis Oberstaufen und von dort weiter auf der Landstraße in nordwestlicher Richtung über Stiefenhofen bis Rutzhofen.* ***Ausflugsziele in der Umgebung:*** *Allgäuer Käsestraße, Oberstaufen, Wangen, Bodensee mit Lindau und Bregenz.*

Dahoam-Faktor

- Natur: Milch von glücklichen Kühen
- Kultur: Käse aus kupfernen Kesseln

Allgäuer Kulturland Artemisia

Kräutergärtnerei. Hofladen. Teestube

Manchmal würde man schon zu gerne wissen, wie das den Kühen wohl schmeckt, was sie den Sommer über von der Weide rupfen – zumal die Milchkühe auf den Heuwiesen der Allgäuer Alpen! Dort gedeihen Wildkräuter, die von konventionell bewirtschafteten Wiesen weitestgehend verschwunden sind: Schafgarbe, Ringelblume, Bergminze etwa. Oder der Beifuß, lateinisch: Artemisia.

SATTE WEIDEN

Der Ort Hopfen wirkt wie von Malerhand in die Alpenlandschaft getupft. Hier ist das Allgäu mit seinen steilen Hügeln und kurvenreichen Straßen mit Bergblickpanorama ganz bei sich. Um eine alte Linde herum liegt die Kräutergärtnerei Artemisia. Eibisch und Engelwurz, Taubnessel, Weißdorn und unzählige weitere für die Gegend typische Wild- und Heilkräuter werden hier kultiviert, getrocknet, zu Tee- und Räuchermischungen verarbeitet, im Hofladen verkauft und im Teeladen zu hausgemachten Kuchen kredenzt. Zu den Gästen, die hier immer wieder gerne einkehren, zählen nicht nur Kräuterliebhaber der Gattung Homo sapiens – auch Bienen und Schmetterlinge finden reich gefüllte Weiden.

DUFTENDES HEU

Was den Kühen so gut schmeckt, was ihre Milch so rahmig und den Allgäuer Bergkäse so unvergleichlich macht, sind teilweise jene Kräuter, aus denen die Kompositeure von Artemisia ihre Teemischungen bereiten. Sie ernten die Blüten, Blätter und Wurzeln von Hand und trocknen sie in traditionellen Darren. Artemisia ist ein ökologisch bewirtschafteter Betrieb. Traditionelles Kräuterwissen fließt in die Teekompositionen mit ein. Gießt man diese Mischungen auf und schließt beim Einatmen des aromatischen Dampfs die Augen, kann man sich mit einem Male gut vorstellen, wie sehr den Kühen das gefällt, was sie den Sommer über von den Bergweiden rupfen. Er hat etwas Würziges an sich. Und erinnert an das duftige Aroma frisch gemähten Sommerheus.

Der Geschmack der Artemisia-Kräuter ist kräftig, herb, charaktervoll und eigen.

Allgäuer Kulturland Artemisia
Hopfen 29, 88167 Stiefenhofen
Tel.: 08386 960510, www.artemisia.de
Öffnungszeiten Teestube und Hofladen:
Mi.–Fr. 14–18 Uhr, Sa. 10–18 Uhr
Gärtnerei: März–Oktober geöffnet

Mit dem Auto: *auf der Deutschen Alpenstraße bis Oberstaufen und von dort weiter auf der B 308 Richtung Lindenberg; kurz vor Oberreute rechterhand dem Ortsschild nach Hopfen folgen.*
Ausflugsziele in der Nähe: *Allgäuer Käsestraße, Oberstaufen, Lindenberg mit Hutmuseum.*

Dahoam-Faktor

- Teatime mit Allgäuer Kräutern
- Abschalten inmitten intakter Natur

Was Gscheids!

TELLERFLEISCH

mit Meerrettich

Zutaten für 4 Personen

ca. 1½ kg Rinderbrust | Salz | 1 Bund Suppengemüse | 1 Lorbeerblatt
1 TL schwarze Pfefferkörner | 3 Wacholderbeeren | 1 Stück frischer Meerrettich
600 g festkochende Kartoffeln | 3 kleine Karotten
Salz | Pfeffer aus der Mühle | Petersilie zum Bestreuen

1 Das Fleisch waschen und trocken tupfen. In einem großen Topf reichlich Salzwasser zum Kochen bringen. Das Fleisch hineinlegen, es sollte vollständig bedeckt sein. Die Rinderbrust bei schwacher Hitze knapp unter dem Siedepunkt etwa 2 Stunden garen, dabei den aufsteigenden Schaum abschöpfen.

2 Inzwischen das Suppengemüse putzen und waschen bzw. schälen und in Stücke schneiden. Das Gemüse mit dem Lorbeerblatt, den Pfefferkörnern und den angedrückten Wacholderbeeren nach 1 Stunde Garzeit zum Fleisch geben.

3 Die Kartoffeln schälen und waschen, die Karotten putzen und schälen. Das Gemüse in etwa 1 cm große Würfel schneiden. Etwa 250 ml der heißen Tellerfleischbrühe in einem Topf aufkochen. Die Kartoffel- und Karottenwürfel hinzufügen. Zugedeckt 15 bis 20 Minuten weich garen.

4 Das Fleisch aus der Brühe nehmen, quer zur Faser in Scheiben schneiden und mit den Kartoffeln und Karotten anrichten. Den Meerrettich schälen und darüberreiben, nach Belieben mit Petersilie bestreuen.

INFO

Dieses Rezept ist ein klassisches Beispiel der bürgerlichen Küche. Gesottenes Fleisch in Brühe gab es zwar hierzulande schon im Mittelalter. Dass man dafür aber kein Schweinefleisch, sondern die edlen Teile vom Rind verwendet, ist eine Wiener Tradition. Sie eroberte im 19. Jahrhundert allmählich die betuchteren Haushalte in den bayerischen Städten.

Franken

Mittel-, Ober- und Unterfranken sind für ausgezeichnete Biere und Weine bekannt. Auch hier zeigt eine junge Generation von Nachwuchswinzern und handwerklich orientierten Brauern, wohin die Entwicklung der Trinkkultur im Freistaat geht: Klasse sticht Masse, Individualität behauptet sich gegenüber dem Mainstream. Das macht sich auch auf der Speisekarte bemerkbar: Betriebe, in denen mit Herzblut aufs Feinste gekocht wird, finden ein immer größeres Publikum.

Schlosspark Dennenlohe

Orangerie-Café im Park

Einmal zu Gast im Schloss sein! Einen Blick in den herrschaftlichen Park werfen, an Wasserläufen vorbeiflanieren, den Duft der Königin der Blumen einatmen, den Hunden des Schlossherrn beim Spielen zuschauen und sich dabei fürstlich bedienen lassen – solche Blütenträume lassen sich auch ohne blaues Blut verwirklichen. Auf Schloss Dennenlohe zum Beispiel.

HUNDE SPIELEN

Fürstliche Vergnügungen sind, anders als früher, heute fast jedermanns Sache, auch dank philantroper Schlossherren wie Sabine und Robert von Süsskind. Baronin und Baron öffnen auf ihrem Schloss Dennenlohe im Landkreis Ansbach von Frühjahr bis Herbst die barocken Pforten – und dies nicht nur für allzu menschliche, sondern auch für tierische Gartenliebhaber. Robert von Süsskind, der sich auch der „grüne Baron" nennen darf, unter anderem, weil er sich um den Gartentourismus verdient macht und auf Schloss Dennenlohe jedes Jahr Gastgeber für die Vergabe des Deutschen und des Europäischen Gartenbuchpreises ist, hat eine große Liebe zu Hunden. So dürfen auch größere und kleinere Zamperl an den sogenannten Hundespieltagen ohne Leine im Schlosspark Dennenlohe rumtollen.

DAMEN NIPPEN

Nicht nur solch vierbeiniger Spaß, auch der Landschaftspark des Schlosses mit der größten Rhododendronpflanzung Süddeutschlands, diverse Verlustigungen wie das Oldtimermuseum, der Schlossladen sowie die internationale Gartenbuchbibliothek locken ab Ostern Freunde des gehobenen Lebensstils an. Im Marstall-Wirtshaus und im Orangerie-Café genießen sie Köstlichkeiten, die zum stilvoll-legeren Ambiente passen. So sitzen die Damen bei Apfelkuchen mit Schlagsahne oder Käsekuchen und Kaffee im Schlosshof, lassen den Blick über Buchshecken und Lavendelbüsche schweifen und nippen, während ihre Galane die historischen Pferdestärken im Oldtimermuseum bewundern, beschwingt am Schaumwein.

An Hundespieltagen lässt Robert von Süsskind Hunde nach Lust und Laune im Schlosspark toben.

Schlosspark Dennenlohe, Orangerie-Café
Schloss Dennenlohe, 91743 Unterschwaningen
Tel.: 09836 96888, www.dennenlohe.de
Öffnungszeiten variieren je nach Monat und Wetter: siehe Homepage

Mit dem Auto: *von Gunzenhausen in westlicher Richtung bis Unterschwaningen; dort der Beschilderung zum Schloss folgen.* ***Mit dem Rad:*** *Unweit von Schloss Dennenlohe verläuft der Deutsche Limes-Radweg.* ***Freizeitmöglichkeiten:*** *Konzerte, Kulturveranstaltungen sowie Garten- und Herbsttage im Schlosspark Dennenlohe.*

Dahoam-Faktor

- Königlich-bayerisches Gartenvergnügen
- Teatime und Kaffeestunde in Schlossatmosphäre

Historischer Gasthof. Gästezimmer Gentner

Langsam drehen die Zeiger der goldgerahmten Wanduhr ihre Runde. Durch die Leinenvorhänge in der holzvertäfelten Gaststube strahlt die Sonne, blinzelt aufs Klavier an der Wand, aufs Fischgrätenparkett und die stilvoll eingedeckten Tische: frisch geschnittene Wildrosen in Väschen, Silberbesteck, Tischläufer in feinster Handarbeitsausführung.

RUHIGE ELEGANZ

„Die gehörten mal zur Aussteuer der Großmutter", erzählt Wirtin Walburga Gentner, als sie unsere Bestellung aufnimmt. Die gestärkte Tischwäsche, das Mobiliar, die Uhr – alles geerbt und von der Familie Gentner so feinsinnig zu neuem Leben erweckt, dass sie für die Wiederherstellung ihres historischen Guts- und Gasthofs viele Denkmalschutzpreise erhielt. Seit 400 Jahren steht der Hof. Seit gut 150 Jahren ist er in Besitz der Familie. Das Interieur der Stube strahlt die ruhige Eleganz des Biedermeier aus.

SCHÄTZE DER REGION

Welche Qualität in alten Werten steckt, beweist auch die Küche. Auf den Wiesen hinter dem Hof gedeihen über hundert historische Apfel- und Birnensorten. In der Umgebung, von den Ausläufern des Frankenjuras bis ins Ries, machen sich Genusshandwerker daran, den originären Schätzen der Region wieder zu neuer Beachtung zu verhelfen. Absolute Frische ist in der Küche der Gentners oberstes Gebot. Die Speisekarte zeigt es: Je drei Vor- und Hauptgerichte, einige Desserts – mehr braucht es nicht. Man könnte zum Beispiel einen Tafelspitz mit fränkischem Meerrettich bestellen – das Fleisch so zart, dass es förmlich schmilzt, wenn man es mit der Gabel berührt. Oder eine rosa gegarte Flugentenbrust mit Kürbis-Dörrpflaumen-Ragout. Oder einen knackfrischen Gartensalat mit Walnussöl. Oder dezent gesüßtes Kaffeeeis mit Apfel-Vanille-Kompott. Eine Entdeckung auch: die Auswahl feinherber Apfel- und Birnenciders von der Hesselberger Streuobstinitiative.

Bei verloren geglaubten Genüssen wünscht man sich, dass die Zeiger der Uhr keine Eile haben ...

Gasthof Gentner
Spielberg 1, 91728 Gnotzheim
Tel.: 09833 988930, www.gasthof-gentner.de
Öffnungszeiten: Mi.–So. und an Feiertagen 11.30–14 Uhr und 18–23 Uhr, Ruhetage: Mo. und Di.

Mit dem Auto: *B 466 Nördlingen–Gunzenhausen bis Gnotzheim; dort der Beschilderung nach Spielberg folgen.* ***Mit dem Rad:*** *Nahe Gnotzheim verläuft der Radwanderweg Gunzenhausen-Hahnenkamm-Ries.* ***Freizeitmöglichkeiten:*** *historische Städte Dinkelsbühl, Gunzenhausen, Weißenburg; wandern und radeln im Fränkischen Seenland.*

Dahoam-Faktor

- Fränkische Gastlichkeit vom Feinsten
- Das Beste aus der guten alten Zeit

Zünftig,
zünftig!

SAURE ZIPFEL

im Gewürzsud

Zutaten für 4 Personen

2 große Zwiebeln | 2 Karotten
100 ml Weißweinessig | 100 ml Weißwein
1–2 Lorbeerblätter | je 1 TL Piment-, Senf- und schwarze Pfefferkörner
1 TL Wacholderbeeren | 2 Nelken | Salz | 2–3 EL Zucker
16 Nürnberger Bratwürste | 1–2 Stiele Petersilie

1 Die Zwiebeln schälen, die Karotten putzen, schälen und in Scheiben schneiden. 1 l Wasser mit Essig und Wein kurz aufkochen. Zwiebeln, Karotten, Lorbeerblätter, Piment-, Senf-, Pfefferkörner, Wacholderbeeren und Nelken dazugeben. Mit Salz und Zucker würzen.

2 Den Sud bei mittlerer Hitze 10 Minuten köcheln lassen. Die Bratwürste und die Petersilie dazugeben und 15 bis 20 Minuten ziehen lassen.

3 Saure Zipfel auf Teller verteilen und mit dem heißen Sud übergießen. Bauernbrot, Brezn oder Semmeln dazu servieren. Nach Belieben frisch geriebenen Meerrettich darüberstreuen.

TIPP

Saure Zipfel heißen auch blaue Zipfel, weil sie sich durch das Garen im Essigsud leicht bläulich verfärben. Die ganzen Gewürze können auch in ein Gewürzsäckchen oder in einen Einwegteebeutel gefüllt werden, dann lassen sie sich nach dem Garen ganz leicht aus dem Sud wieder entfernen.

Weißes Ross

Restaurant. Flair Hotel

„Klopf, klopf!“, schallt es übers Kopfsteinpflaster in der schmalen Gasse. Buntes Fachwerk, Zunftschilder und Spitzgiebelhäuser mit Blumenputz – wie ganz Dinkelsbühl wäre auch die Steingasse einer Brüder-Grimm-Anekdote würdig. In der Küche des Hotels Weißes Ross wird Fleisch geklopft. Vor der Türe eine Tafel mit Kreideschrift: „Spanferkelschäufele mit Kloß“.

KÖSTLICHER KARPFEN

Über dem Eingang wölbt sich der Efeu, daneben ein Holzregal mit Kräutertöpfen, in der offenen Haustüre bewegt sich ein geblümter Baumwollvorhang im Wind. Geht man die Eingangsstiegen hoch, nimmt man die altmodische Türklingel wahr – wüsste man nicht, dass dies das Entree zu einer der best erhaltenen historischen Gaststuben Bayerns ist, wäre man fast versucht zu klingeln. Joachim Neuhäuser, Wirt im zauberhaften Flair Hotel und Restaurant, versteht es, seinen Gästen das Gefühl zu vermitteln, hier zu Hause zu sein. Und ein Zuhause ist das Weiße Ross fürwahr, sozusagen die kulinarische Heimstatt für den berühmten Dinkelsbühler Karpfen. Rund um die Stadt an der Romantischen Straße befinden sich heute noch viele Fischweiher. Der Dinkelsbühler Raum zählt zu den großen Teichgebieten Bayerns. Hier gelang dem Landesökonomierat Max Scheuermann Anfang des vorigen Jahrhunderts die Züchtung des als besonders delikat geltenden Karpfens.

SCHÖNE KÜNSTE

Einige Restaurants in der touristenfreundlichen Stadt preisen die Spezialität an, aber im Weißen Ross kann der Gast sicher sein, dass er sie frisch zubereitet bekommt und mit Liebe gekocht. Man sollte sie unbedingt mal in Dunkelbiersoße probieren, oder – ganz klassisch – als Karpfenfilet im Backteig. Auch Donauwaller finden sich hier auf der Karte, heimatliche Erzgenüsse wie die fränkischen Bratwürscht' mit Sauerkraut oder auch fränkischer Sauerbraten mit Kartoffelkloß. Und wären diese frisch gekochten Hausmannsköstlichkeiten nicht allein schon Grund genug, hier einzukehren, kann man in der original Jugendstil-Gaststube auch noch das Flair von Kunst und Kultur atmen: Das Weiße Ross ist seit je eine von in den schönen Künsten bewanderten Naturen bevorzugte Adresse.

Flair Hotel und Restaurant Weißes Ross
Steingasse 12, 91550 Dinkelsbühl
Tel.: 09851 579890, www.hotel-weisses-ross.de
Öffnungszeiten Restaurant:
Mo.–So. 11.30–14 Uhr und 18–22 Uhr,
Ruhetag: Donnerstag (nur im Winter)

Mit dem Auto: *Das Restaurant/Hotel liegt direkt im Zentrum von Dinkelsbühl.* ***Mit dem Rad:*** *Bei Dinkelsbühl kreuzen sich zwei bedeutende Radrouten: die Romantische Straße und der Deutsche Limes-Radweg.* ***Freizeitmöglichkeiten:*** *historische Städte Dinkelsbühl, Nördlingen; wandern und radeln entlang der Deutschen Limes-Straße.*

Dahoam-Faktor

- Erste Adresse für Dinkelsbühler Karpfen
- Bestens erhaltene Jugendstil-Gaststube

„TASTE MATTERS!"

Christian Mittermeiers beste Genussadressen

Ich bin nicht nur Koch, sondern auch gelernter Metzger, und aus dieser Erfahrung heraus bei allem, was ich anpacke, immer hautnah am Produkt. Qualität ist für mich der wichtigste Maßstab. Sie ist die Grundlage des guten Geschmacks. Den kann man nicht isoliert betrachten: Geschmack bedeutet mehr als schmecken. Es ist eine Haltung. Über den Tellerrand schauen, sich nicht nur regional orientieren, sondern weltoffen bleiben. Taste matters! Das ist meine Devise – auch für meine Tipps!

WEINGUT JOHANN RUCK

Marktplatz 19, 97346 Iphofen
Tel.: 09323 800880, www.ruckwein.de

Ein Weingut mit großer Familientradition und einer Philosophie, die ich absolut unterstütze. Astreines Handwerk und ein hoher Qualitätsanspruch prägen die Arbeit sowohl von Senior Hans Ruck als auch von seinem Sohn Hansi – der ist nicht nur der Pate meines Sohnes, sondern auch mein engster Berater in Sachen Wein. Er baut auch den Wein der Tauberhasen aus. Das Weingut Ruck ist Mitglied bei Trias, der Vereinigung der fünf Top-Winzer Frankens – eine Auszeichnung, die für sich spricht.

TAUBERHASE

Vorm Würzburger Tor 9, 91541 Rothenburg ob der Tauber, Tel.: 09861 94540, www.tauberhase.de

Jetzt mache ich mal ein bisschen Eigenwerbung, einfach, weil mein Herz für die Sache schlägt: Für das Tauberhase-Projekt habe ich mich vor zwölf Jahren mit zwei befreundeten Gastronomen zusammengeschlossen: Jürgen Koch vom Hotel Laurentius in Weikersheim und Lars Zwick vom Landhaus zum Falken in Tauberzell. Tauberhase ist der Name unseres Weinbaubetriebs im Taubertal, rund um die berühmte Weinlage Hasennestle. Wir produzieren terroirbetonte Weine, stellen aber auch Secco, Verjus, Mostrich und Weingelee her – und Honig, wir haben über hundert Bienenstöcke. Unsere Philosophie: Qualität entscheidet!

GAMBERO ROSSO DA DOMENICO

Mühle 2, 97246 Eibelstadt, Tel.: 09303 9843782
www.gambero-rosso.eu, Mi.–Sa. 18–23 Uhr,
So. 12–15 Uhr u. 18–23 Uhr, Ruhetage: Mo. u. Di.

Ein ganz tolles Restaurant, direkt am Jachthafen; das ist schon eine einzigartige Atmosphäre, so nah am Wasser ... toll! Wenn ich dort mit meiner Frau einen Abend verbringe, haben wir beide das Gefühl, im Urlaub zu sein. Domenicos Küche ist italienisch vom Feinsten; er glüht für Slow Food, ist ein absoluter

Idealist und Produktfanatiker, der Service ist perfekt – eine Adresse mit Klasse.

ROMANTIK HOTEL GASTHAUS ROTTNER

Winterstraße 15–17, 90431 Nürnberg
Tel.: 0911 612032, www.rottner-hotel.de
Küchenzeiten Restaurant: Mo.–Sa. 18–21.30 Uhr, mittags ab 10 Personen auf Anfrage, Ruhetage: So. und Feiertage

Allein schon die historische Architektur des Gasthauses ist einmalig. Die Rottners haben etwas Seltenes geschafft: Sie haben die Übergabe zur Nachfolgegeneration in ihrem Familienbetrieb so souverän gelöst, dass alle davon profitieren. Der junge Valentin Rottner ist Mitglied bei den Jeunes Restaurateurs; mit seinem Vater Stefan verantwortet er die Küche. Die beiden bieten ihren Gästen von fränkischen Spezialitäten bis zur High-End-Kochkunst eine beeindruckende Bandbreite. Ob Schäufele, Taubenbrust oder Saibling – hier schmeckt alles einfach großartig.

METZGEREI KACHLER-HOFERER

Kirchstraße 13, 91484 Sugenheim, Tel.: 09165 250
www.metzgerei-kachler-hoferer.de, Öffnungszeiten: Mo.–Fr. 6.30–18 Uhr, Mi. u. Sa. 6.30–12.30 Uhr

Jens Hoferer ist ein junger Metzger, der zeigt, wo die Zukunft dieses Handwerks liegt: Er beherrscht das Metzger-Knowhow nicht nur bestens, er verbindet es auch mit Haltung. Artgerechte Tierhaltung ist für ihn das A und O. Er hat einen sehr hohen Anspruch an die Qualität seiner Ware und misst der Herkunft und Aufzucht große Bedeutung zu. Und das „schmeckt“ man seinen hervorragenden Produkten an.

Villa Mittermeier – Hotellerie & Restaurant, Vorm Würzburger Tor 7 91541 Rothenburg ob der Tauber, Tel.: 09861 94540, www.villamittermeier.de, Öffnungszeiten: Di.–Sa. 18–22.30 Uhr, Ruhetage: So. u. Mo.

CHRISTIAN MITTERMEIER ist Mitglied der Jeunes Restaurateurs d'Europe und einer der einflussreichsten Spitzenköche Deutschlands. Er war einer der ersten Top-Köche, die Slow Food Deutschland aktiv unterstützten. Neben seinem hochdekorierten Restaurant Villa Mittermeier betreibt er eine Kochschule, arbeitet als Berater und schreibt Blog-Beiträge für DIE ZEIT.

Landhotel Schnupp

Restaurant. Hotel

Altdrossenfeld bei Neudrossenfeld liegt unweit der Plassenburg zwischen Kulmbach und Bayreuth. Alles klar? Aber klar doch, schließlich wurde der Schankort, wo die Familie Schnupp heute waltet, im Landbuch der Plassenburg erstmals urkundlich erwähnt. Und zwar schon 1398. So eine Tradition führt zu einem gewachsenen Gefühl von Gemütlichkeit und Gastlichkeit.

WEIBLICHE HAND

Während es früher, zu Zeiten der Burgherren, gang und gäbe war, dass in einer Schankstätte Frauen das Zepter schwangen, ist so eine feminine Hand in der eher hemdsärmeligen Zunft der Wirtshauskultur heutzutage nicht ganz so die Regel. Umso bemerkenswerter, dass bei den Schnupps Tochter Sabine die Familiengeschichte des einstigen Braugasthofs fortsetzt. Sabine Schnupp leitet Landgasthof und Hotel; ihr Mann Stefan die Restaurantküche. Schon 1726 wurde bei den Schnupps gebraut, und auch wenn heute hier keine Braukessel mehr stehen und der Gasthof nach dem Umbau in behaglichem Landhausstil erstrahlt, reiht sich die geschichtsträchtige Adresse in die rund um Kulmbach so bedeutende fränkische Biertradition und Gastlichkeit ein.

FEINE WIESENKRÄUTERKÜCHE

Was lange währen soll, muss immer wieder einmal erneuert werden, und so haben die Schnupps in den letzten Jahren den denkmalgeschützten Braugasthof rundherum renoviert. Auch in der weithin gelobten Küche weht ein frischer Wind: Es hat sich bis in den Bayerischen Landtag herumgesprochen, dass Stefan wie auch Sabine ein feines Gespür für die Verwendung von Wild- und Wiesenkräutern in der Küche haben und diese unter anderem auch im eigenen Kräutergarten kultivieren. Und so kann man bei Schnupps zu den guten Bieren und hausgemachten feinen Bränden kulinarische Schmankerl genießen, die es so nicht überall gibt, Wildpflanzen-Gerichte mit heimischem Spargel, Wild und Fleisch aus der Region, mit Forellen oder Karpfen, zum Beispiel Wildkräuterbratwürste mit Tannenspitzensenf, Rehcarpaccio mit Tannenspitzen-Pesto, Giersch-Tascherl, Schweinelendchen mit Breitwegerich oder hausgemachte Brennnesselknödel.

Landhotel Schnupp
Altdrossenfeld 8, 95512 Neudrossenfeld
Tel.: 09203 9920, www.landhotel-schnupp.de
Küchenzeiten Restaurant: Mo. ab 18 Uhr, Di.–Do. 11.30–13.45 Uhr und 18–21 Uhr, Sa. u. So. 11.30–14 Uhr u. 18–21 Uhr, Ruhetag: Fr.

Mit dem Auto: *Maintalautobahn (A 70), Ausfahrt Kulmbach-Neudrossenfeld.* ***Mit dem Rad:*** *Altdrossenfeld liegt direkt am Rotmain-Radweg zwischen Kulmbach und Bayreuth.* ***Freizeitmöglichkeiten:*** *Festspiele Bayreuth; Biertradition und Besuch der Plassenburg in Kulmbach; Ski fahren im Fichtelgebirge; wandern im Frankenwald.*

Dahoam-Faktor

- Feingeistiges aus hauseigener Brennerei
- Wildkräuterbratwürste, Tannenspitzensenf!

Maître Affineur Waltmann

Die Farbe des Glücks? Mag für Verliebte die Farbe Rot sein. Für Käsefreunde reicht sie von seidigem Weiß bis zum eleganten Silber-Aschegrau, vom rahmigen Buttergelb bis zum flamingofarbenen Rosé. Und der Duft des Glücks? Ist so milchig-sahnig oder würzig-animalisch wie die Käse, die Bayerns berühmtester Käsekenner affiniert.

Waltmanns Spezialität aus dem Backsteinkeller: „gelbes Gold“ – handgefertigter Langres aus der Champagne, mit Calvados gewaschen und getränkt.

BÜRSTEN, BADEN, WASCHEN

Bayern ist bekannt für seinen Allgäuer Bergkäse, für Ziegenkäse, Frischkäse aus Bergbauernmilch, für den g'stinkerten Weißlacker und, und, und. Aber wenn Käsekenner richtig mit der Zunge schnalzen wollen, pilgern sie zu Volker Waltmann nach Erlangen. Er ist Käse-Affineur und hat, seit er vor bald zwei Jahrzehnten den Käseladen seiner Mutter Rosemarie übernahm, bei vielen Besuchen in Frankreich die hohe Kunst des Affinierens gelernt. Affinieren bedeutet: verfeinern und pflegen von Käse. Es ist ein Handwerk, für das man Erfahrung, ein feines Händchen und eine gute Nase braucht. Erst dann wird aus einfachem Käse eine Delikatesse.

KÄSEPERSÖNLICHKEITEN

Einige der besten Manufakturen und Hersteller von Rohmilchkäsen aus Deutschland und Europa liefern Waltmann ihre Käse-Rohlinge. In der perfekten Umgebungstemperatur und Luftfeuchtigkeit seines Backsteinkellers veredelt, nein, adelt er die milchigen Frischlinge mithilfe regelmäßigen Bürstens, Badens, Drehens und Wendens und unter Zuhilfenahme so feiner Sächelchen wie Bränden und Schnäpsen, Gewürzen und Kräutern, feinster Asche und Salzen – und lässt so aus Rohlingen wohlriechende und höchst individuelle Käsepersönlichkeiten hervorgehen. Und natürlich kommt bei ihm auch die fränkische Genusstradition nicht zu kurz.

Der Käse-Affineur Volker Waltmann bringt die besten Rohmilchkäse Europas zur Reife.

Einige seiner begehrtesten Käse sind mit fränkischem Bier, fränkischem Kirschgeist oder Apfelmost affiniert. Ob die am besten zu einem fränkischen Bier oder einem Silvaner passen, darf jeder für sich entscheiden.

Waltmann Maître Affineur
Friedrichstraße 10, 91054 Erlangen
Tel.: 09131 207187, www.waltmann.de
Öffnungszeiten: Mo.–Fr. 8.30–18 Uhr,
Sa. 8.30–14 Uhr

***Mit dem Auto:** Frankenschnellweg (A 73), Ausfahrt Erlangen-Nord. **Mit dem Rad:** Bei Erlangen kreuzen sich vier regionale Radrouten: der Erlangen-Pegnitztal-Radweg, der Regnitz-, der Zenntal- sowie der Biberttalradweg. **Freizeitmöglichkeiten:** wandern und radeln im Naturpark Fränkische Schweiz.*

Dahoam-Faktor

- Besuch beim fränkischen Käse-Gott
- Feinste Rohmilchkäse mit Schwips

„BAYERNS VIELFALT IST UNGLAUBLICH!“

Was mich an Bayern immer wieder begeistert, ist seine Vielfalt. Jede Region bringt eigene Produkte hervor, die das Heimatgefühl prägen. Ich denke da z. B. ans Sauerkraut oder an den Meerrettich in Franken oder an die besten Laugenbrezn, wie es sie so nur in Oberbayern und Schwaben gibt. Großartig finde ich, dass eine junge Generation von Köchinnen und Köchen das Erbe der bayerischen Küche weiterentwickelt. Fleischgerichte und Vegetarisches, Süßes und Herzhaftes, Tradition und Innovation. All das geht hier zusammen und macht die Küche einzigartig.

SPEZIAL-KELLER BAMBERG

Sternwartstraße 8, 96049 Bamberg
Tel.: 0951 54887, www.spezial-keller.de
Di.–Fr. ab 15 Uhr, Sa. ab 12 Uhr, So. und an Feiertagen ab 10.30 Uhr, Ruhetag: Mo.

Super Biergarten in Bamberg, der mit seinem Rundumblick über die Stadt seinesgleichen sucht! Im Spezi-Keller, wie ihn die Einheimischen nennen, genießt man das berühmte Spezial-Rauchbier und dazu eine typisch fränkische Brotzeit, zum Beispiel über Buchenholz geräucherten fränkischen Saibling oder Schäuferla mit Sauerkraut und Kloß.

GASTHOF-BRENNEREI STEINLEIN

Neufang 2, 95339 Wirsberg, Tel.: 09227 73275
www.gasthof-steinlein.de, Mi.–Fr. 16–22 Uhr, Sa. 14–22 Uhr, So. 10–22 Uhr, Ruhetage: Mo. u. Di.

Es gibt sie noch, die ursprünglichen Dorfwirtshäuser, und der Gasthof Steinlein ist einer davon. Hier trifft sich der ganze Ort, gerne auch mal zum Schafkopfen. Pommes gibt's hier nicht! Dafür aber zwei Sorten hausgemachte fränkische Klöße zum Sonntagsbraten. Sensationell gut: die Brände. Seit 1794 hat das Haus das Brennrecht. Aus dem Obst ihrer Streuobstwiesen stellt die Familie auf traditionelle Weise in Spontangärung herausragende Destillate her, z. B. Kirschwasser und Quittenbrand.

KOMMUNBRÄU KULMBACH

Grünwehr 17, 95326 Kulmbach
Tel.: 09221 84490, www.kommunbraeu.de
Mo.–So. 10 Uhr bis nach Mitternacht

Ein tolles Wirtshaus mit selbst gebrauten Bierspezialitäten und nettem, kleinem Biergarten. Kulmbacher Bürger haben es 1992 als Genossenschaft gegründet, um die Tradition der fränkischen Kommunalbrauereien wiederzubeleben. Die Sudkessel stehen mitten in der Gaststube; Wirtsfamilie Stübinger braut hier unfiltrierte Biere sowie jeden Monat wechselnde Bierspezialitäten.

TEXAS LONGHORN RANCH

Anna und Alexander Leichtenstern
Altencreußen 1, 95473 Prebitz
Tel.: 09270 9940106, www.texaslonghorn.de

Europas größte Zucht von Texas-Longhorn-Rindern liegt in Oberfranken. Anna und Alexander betreiben ihre biozertifizierte Ranch mit viel Herzblut. Die Tiere haben ganzjährig Auslauf auf den Weiden und bekommen Gras und Heu zu fressen. Ich bin mit den beiden gut befreundet und beziehe das Fleisch ihrer Longhorns für mein Restaurant. Die beiden brennen zudem irreguten Whisky und Gin.

FICKENSCHERS BACKHAUS

Luitpoldstraße 16, 95213 Münchberg
Tel.: 09251 5719, www.fickenschers-backhaus.de
Öffnungszeiten: Mo.–Fr. 5.30–18 Uhr, Sa. 5.30–13 Uhr, So. 7.30–11 Uhr

Andreas Fickenscher ist ein Freund und Lieferant von mir und einer der innovativsten Bäcker, die ich kenne. Seit 1625 ist die Bäckerei in Familienbesitz. Andreas backt herausragende Brotsorten nach alten Rezepten und entwickelt zusammen mit Slow Food auch neue Rezepturen mit traditionellen, regionalen Zutaten (www.mein-heimatbrot.de).

RÖSTEREI CAFÉ M.A.G.

Austraße 4, 96047 Bamberg
Tel.: 0951 2995350, www.roesterei-mag.de
Öffnungszeiten: Mo.–Sa. 10–18 Uhr, So. 13–18 Uhr

Für mich der beste Kaffee und Cappuccino in Bamberg! Eine Café-Rösterei mit coolem Flair, mitten in der Stadt. Hier gibt es feinste Sortenkaffees, nach handwerklicher Tradition frisch geröstet, und Bio- und vegane Kuchen.

Herrmann's in Herrmann's Romantik Posthotel, Marktplatz 11, 95339 Wirsberg, Tel.: 09227 2080, www.alexander-herrmann.de/gourmetwelten, Öffnungszeiten Gourmetrestaurant und Gourmet-Bistro: siehe Homepage

ALEXANDER HERRMANN wuchs in Wirsberg auf. Er ist nicht nur einer der bekanntesten und beliebtesten TV-Köche Deutschlands, sondern hält mit seinem Gourmetrestaurant auch seit 2008 einen Stern im Guide Michelin. Die Gourmetwelten in Herrmann's Romantik Posthotel in Wirsberg stehen ganz im Zeichen von Nachhaltigkeit und Regionalität. Neben seinem Sternerestaurant betreibt er dort auch ein Gourmet-Bistro.

Kloster Plankstetten

Hofladen. Klosterschenke

Schon die Fahrt nach Plankstetten ist ein Erlebnis, führt über Höhen mit Blick über den Naturpark Altmühltal, vorbei an Alleen mit Obstbäumen, an Weiden für Schafe und Lämmer. Dann geht es steil und kurvig den Berg hinunter – da liegt sie, die Benediktinerabtei, tief in der Senke, fast mystisch verborgen. Der Duft von gebratenen Zwiebeln liegt in der Luft.

SONNTAGSBRATEN

Es ist kurz vor Mittag, in der Klosterküche schmurgelt der Braten, bald wird der Tisch für die Ordensbrüder im Refektorium gedeckt. Man möchte dort Mäuschen sein – so gut duftet es aus dem klösterlichen Küchenfenster hinaus ins Freie. Sei's drum! Die Benediktinerabtei Plankstetten hat für ihre weltlichen Besucher so oder so reichlich vorgesorgt. Die Klosterschenke gegenüber der Kirche huldigt jeden Sonntag der Kultur des Festtagsbratens, im Herbst und Winter öfter mit Wild, sonst gerne auch als Lamm-, Spanferkel- oder Schweinebraten, als Schäufele oder Rinderbraten. Die Lämmer, die man vorhin noch ruhig hat grasen sehen, werden hier irgendwann im Laufe des Jahres als Lammbratwürstel wieder auftauchen – so geht die Welt, aber in Plankstetten geht das mit Bedacht einher: Die Benediktinerabtei betreibt ökologischen Landbau und stellt erstklassige Fleisch- und Wurstwaren, Liköre und Brände, Honig und Brot und nicht zuletzt Bierspezialitäten aus biologisch zertifiziertem Dinkel und biologisch zertifizierter Gerste her.

KOCHEN IM KLOSTER

Schon im 15. Jahrhundert wurde in Plankstetten gebraut; das Kloster kann auf über 880 Jahre Geschichte verweisen. Das Getreide für die Biere stammt aus der biologischen Landwirtschaft der Abtei; das nahe gelegene Riedenburger Brauhaus braut nach Klosterrezepten daraus naturtrübes Dunkles und Spezial sowie Plankstettener Dinkel. Die harmonieren mit den vorzüglichen Wurstwaren aus der Klostermetzgerei, etwa den luftgetrockneten Anis-Fenchel-Brotzeitwürsteln, dem Altmühltaler Schinkenspeck, dem Landschinken – alles in Bio-Qualität und nach alter Handwerkskunst mit Sinn für Reifezeit vortrefflich zubereitet. Das Kloster bietet auch Bio-Brunch an – und Kochkurse.

Kloster Plankstetten
Klosterplatz 1, 92334 Berching
Tel.: 08462 2060, www.kloster-plankstetten.de
Öffnungszeiten Klosterhofladen:
Mo.–Fr. 9–18 Uhr, Sa. 8–17 Uhr

Mit dem Auto: *Autobahn München–Nürnberg, Ausfahrt Greding; dort der Beschilderung nach Plankstetten folgen.* **Mit dem Rad:** *Nahe Plankstetten verlaufen der Radwanderweg Nürnberg-Rothsee-Altmühltal, der Fünf-Flüsse-Radweg sowie die Tour de Baroque.* **Freizeitmöglichkeiten:** *Kultur, Konzerte & Seminare im Kloster Plankstetten; Naturpark Altmühltal, Dinosaurier-Freiluftmuseum Altmühltal, Falkenhof Schloss Rosenburg, König-Otto-Tropfsteinhöhle.*

Dahoam-Faktor

- Auferstehung des Sonntagsbratens
- Klosterspezialitäten in Bio-Qualität

Da legst
di nieder!

KIRCHWEIHGANS

mit Apfelfüllung

Zutaten für 6–8 Personen

1 Freilandgans (4½–5 kg; küchenfertig, mit Innereien) | Salz
Pfeffer aus der Mühle | 800 g kleine aromatische Äpfel | 4–5 Majoranzweige
2 Zwiebeln | 2–3 TL Speisestärke | Zucker

1 Die Innereien aus der Gans nehmen. Eventuell verbliebene Federkielansätze, sichtbares Fett und Bürzeldrüse entfernen. Hals und Flügelspitzen abschneiden und klein hacken. Die Gans waschen, trocken tupfen und mit Salz und Pfeffer innen und außen gründlich einreiben. Die Flügel auf den Rücken drehen. Äpfel schälen, vierteln, entkernen und in Spalten schneiden. Majoran waschen, trocken schütteln, Blätter abzupfen und hacken. Mit den Äpfeln mischen und die Gans damit füllen. Die Öffnung mit kleinen Holzspießen verschließen oder mit Küchengarn zunähen. Keulen und Flügel mit Küchengarn zusammenbinden.

2 Ofen auf 180 °C vorheizen. Die Gans unterhalb der Keulen mehrmals mit einer Gabel oder einem Holzspieß einstechen, damit das Fett beim Garen auslaufen kann. Die Gans mit der Brust nach unten in einen Bräter oder großen Schmortopf legen. ¼ l kochendes Wasser dazugießen. Die Gans zugedeckt 1½ Stunden garen, dabei ab und zu mit dem Wasser begießen. Falls nötig, etwas Wasser dazugeben.

3 Die Gans wenden und weitere 1½ Stunden garen. Dabei immer wieder mit Flüssigkeit begießen. Gans insgesamt 3 bis 3½ Stunden garen, in den letzten 30 Minuten den Deckel abnehmen. Damit die Gans schön braun wird, immer wieder mit Salzwasser bestreichen. Zwiebeln schälen und in Spalten schneiden. Mit den Innereien (außer der Leber) und dem Geflügelklein 1 Stunde vor Ende der Garzeit zur Gans geben und mitgaren.

4 Gans aus dem Bräter nehmen, die Soße durch ein Sieb gießen und entfetten. So viel Wasser angießen, dass es etwa 1 l ergibt. Soße aufkochen und etwas einkochen lassen. Die Stärke mit wenig kaltem Wasser glatt rühren und unter Rühren in die Soße geben. Die Soße mit Salz, Pfeffer und Zucker abschmecken. Die Füllung aus der Gans nehmen und die Gans tranchieren. Mit der Soße und den Äpfeln servieren. Dazu schmecken Blaukraut und die Kartoffelknödel von S. 22/23.

Oberpfalz & Niederbayern

Niederbayern gilt als Korn- und Gemüsekammer des Freistaats. Gleichwohl spielte der Bezirk kulinarisch früher nicht in der obersten Liga. Auch die Oberpfalz machte in dieser Hinsicht lange eher wenig von sich reden. Das hat sich geändert: In den hiesigen Hotel- und Gastronomiebetrieben fand in den letzten Jahren eine erstaunliche Qualitätsoffensive statt.

Brauerei. Gaststätte. Biergarten

Prösslbräu Adlersberg

Eine unverstellte Sicht mit Ausblick weit übers Donautal, ein Biergarten unter mächtigen Linden und Kastanien, ein Gemäuer, das bei nächtlicher Dunkelheit eines Schauerromans würdig wäre und dazu kräftige, würzige Biere nach alter Handwerksbraukunst – wenn das mal kein grandioses Gesamtpaket ist!

Seit 1838 darf in Adlersberg gebraut werden. Das Symbol dieses Rechts ziert jede Flasche Prössl-Bier.

EHRWÜRDIGES GEMÄUER

Nicht wenige sagen, der Biergarten vom Prösslbräu sei der vielleicht schönste in Bayern. Was die Aussicht betrifft, hätte er auf jeden Fall allerbeste Chancen auf einen der ersten Plätze im Freistaat. Wer zum ersten Mal in luftiger Höhe auf dem Adlersberg steht, wundert sich zunächst über den unverputzten Steinwall, der den Platz um Biergarten und Brauerei herum einfasst. Er erinnert an eine mittelalterliche Burg. Dann fällt der Blick auf die bemerkenswert alte Kirche. Und schließlich auf die staunenswert tiefe Mulde, die der Boden auf der Steinschwelle zum Brauereigasthof bildet. Da wird man gewahr: Das ist sehr altes Land. Und geschichtsträchtiges Gemäuer. Schon um 1250 war hier ein Dominikanerinnenkloster. Und seit der Braumeister Michael Prößl vor bald 200 Jahren das Anwesen übernahm, wird hier auch Bier gebraut.

HANDFESTER GENUSS

Streng nach dem Bayerischen Reinheitsgebot und nach altbraumeisterlicher Manier – darauf ist man beim Prösslbräu stolz. Die Reminiszenz an die Klostergeschichte findet sich auch in den Namen der Bierspezialitäten: Neben Kloster-Gold und Kloster-Pils sprechen Bierdurstige besonders gern dem Palmator zu, einem dunklen Starkbier, das gut mit den Wildspezialitäten aus eigener Jagd harmoniert. Ansonsten gibt's beim Prössl gepflegte Biergartenkost, von der Brotzeit bis zu den üblichen Verdächtigen aus der kracherten Schweinsbraten-, Haxen- und Schnitzelfraktion. Ein paar Ausreißer vom Herkömmlichen finden sich aber dennoch: Schlachtschüssel, Blut- und Leberwurst, Kesselfleisch und Stockwurst weisen den Bräugasthof als herausragendes Pilgerziel für handfeste Genießer aus.

Prösslbräu Adlersberg
Dominikanerinnenstraße 2–3, 93186 Adlersberg
Tel.: 09404 1822, www.adlersberg.com
Öffnungszeiten: Di.–So. 8–24 Uhr, Ruhetag: Mo.

Mit dem Auto: *von Regensburg aus die B 8 in westlicher Richtung nehmen, dann der Ausfahrt Kneiting bis Adlersberg folgen. Oder Autobahn München–Weiden, Ausfahrt Pfaffenstein, dann der B 8 wie oben beschrieben folgen.* ***Sehenswürdigkeit in der Nähe:*** *Klosterkirche Adlersberg.*

Dahoam-Faktor

- Aufi muaß i, aufn Berg!
- Küche, Kirche, Klosterbier

Traditionsgasthof. Hotel
Kammbräu

Das Kammbräu liegt im Sonnenwald, einer wanderfreudigen Gegend im Bayerischen Wald. Es ist eines jener Wirtshäuser, aus dem man eigentlich nie mehr rausgehen möchte, wenn man sich erst einmal drin hingesetzt hat. Es verkörpert all die Tugenden, die man mit dem dürftigen Gemütlichkeitswortschatz unserer Sprache nicht so recht fassen kann. Alle zusammen!

MARKE EIGENBAU

Es ist herzwärmend, heimelig und familiär. Weltläufig und bayerwaldig zugleich. Auf der Gästezeitung des Kammbräu-Hotels (das klugerweise zum Wirtshaus gehört) steht: Authentisch. Bayerisch. Frisch. Diese Gästezeitung nennt sich „Der Kamm". Der Charme des Hauses aber kommt von einer „Sie": Sigrid Kamm ist die Chefin des Traditionsgasthofs, in dem schon die Kamm'sche Großmutter ihr Können zeigte. Sigrid hat nach ihrer Kochlehre beim großen Otto Koch gearbeitet. Ist dann zurückgegangen in ihre Heimat und hat dort mit Herz und Hand für ihre Gäste ein kulinarisches Zuhause geschaffen. Ringsum grüßen die Streuobstwiesen, zum Anwesen gehören ein Fischteich, ein Kräutergarten und Felder für Gemüse.

VON OBEN BIS UNTEN!

Sigrid Kamm hat sich ein Netzwerk ortsnaher, artgerecht und biologisch wirtschaftender Lieferanten aufgebaut. Im Wald gibt's Wild und Pilze; Holler und essbare Blüten haben es sich rund ums Haus gemütlich gemacht. Daraus schöpft die Chefin aus dem Vollen: Sonntagsbraten und Festtagsganserl, Wildwochen und Biermenüs, Burger aus Bio-Rind und Apfelpfannkuchen, Kastaniengerichte oder Rosen-Desserts – rund ums Jahr zaubert sie mit ihren Produkten Marke Eigenbau und dem Besten aus Feld, Wald und Wiese eine Wirtshausküche, die vom Mund direkt ins Herz geht.

Sigrid Kamm legt beim Schneiden der Kräuter im hauseigenen Garten gerne selbst Hand an.

Das einzig Dumme am Kammbräu ist, dass man nicht weiß, was man auf der Speisekarte als Erstes bestellen soll. Angeblich hat man im „Kamm" darauf eine gewitzte Antwort parat: „Fangen'S oben an und hören'S unten auf!" Gut, dass es die Zimmer gibt!

Kammbräu
Bräugasse 1, 94579 Zenting
Tel.: 09907 89220, www.kamm-braeu.de
Küchenzeiten Gasthof: Mo.–So. 11.30–14 Uhr und 17.30–21 Uhr

Mit dem Auto: *Autobahn Passau–Regensburg, Ausfahrt 112 Iggensbach, weiter auf der Landstraße über Schöllnach, Taiding und Riggerding nach Zenting.* ***Ausflugsziele:*** *wandern und Ski fahren im Naturpark Bayerischer Wald, im Böhmerwald und im Nationalpark Bayerischer Wald; Zwiesel.*

Dahoam-Faktor

- Hier kocht die Chefin!
- Altbayerische Weiberwirtschaft – auch für Mannsbilder!

Macht
was her

SEMMELKNÖDEL

mit Rahmschwammerl

Zutaten für 4 Personen

Für die Knödel: 400 g Knödelbrot (ersatzweise 8 Semmeln vom Vortag in dünnen Scheiben) | 250 ml lauwarme Milch | 150 g durchwachsener Speck 1 Zwiebel | 1 EL Butter | 2 EL fein gehackte Petersilie | 3 Eier Salz | Pfeffer aus der Mühle | frisch geriebene Muskatnuss
Für die Rahmschwammerl: 1 Zwiebel | 500 g gemischte Pilze (z. B. Pfifferlinge, Steinpilze, Egerlinge) | 2 EL Butter | 250 g Sahne | Salz | Pfeffer aus der Mühle ½ TL ganzer Kümmel | 2 EL fein gehackte Petersilie

1 Für die Knödel das Knödelbrot in eine große Schüssel geben, mit der Milch übergießen und zugedeckt 30 Minuten ziehen lassen. Den Speck in kleine Würfel schneiden und in einer Pfanne ohne Fett knusprig braten. Die Zwiebel schälen und in kleine Würfel schneiden. Die Butter in einer kleinen Pfanne erhitzen und die Zwiebel darin andünsten. Die Petersilie dazugeben und kurz mitdünsten.

2 Den Zwiebel-Petersilien-Mix, den Speck und die Eier zum Knödelbrot geben und gut untermischen. Die Brotmasse mit Salz, Pfeffer und 1 Prise Muskatnuss würzen. In einem weiten Topf Salzwasser zum Kochen bringen. Aus der Brotmasse mit angefeuchteten Händen 8 Knödel formen und diese im siedenden Wasser etwa 20 Minuten garen – sie sind gar, wenn sie an die Oberfläche steigen.

3 Für die Rahmschwammerl die Zwiebel schälen und in kleine Würfel schneiden. Die Pilze putzen und mit Küchenpapier trocken abreiben bzw. mit einem Pinsel säubern. Große Pilze in mundgerechte Stücke schneiden. Kümmel im Mörser fein zerstoßen. Die Butter in einem Topf erhitzen und die Zwiebel darin andünsten. Die Pilze dazugeben und mitdünsten. Die Sahne angießen, mit Salz, Pfeffer und Kümmel würzen. Die Soße nach Belieben etwas einkochen lassen oder mit etwas angerührter Speisestärke binden.

4 Die Knödel mit dem Schaumlöffel aus dem Wasser heben und in tiefe Teller geben. Die Rahmschwammerl daneben anrichten und alles mit reichlich gehackter Petersilie bestreuen.

Zum Goldenen Löwen

Gasthof. Brauerei. Gästezimmer

Eine derart poetische Flusslandschaft hat man zuletzt vielleicht in einem flämischen Gemälde gesehen. Der Markt Kallmünz, wo Vils und Naab zusammenfließen, war schon für die Malerfreunde des Blauen Reiters eine Quelle der Inspiration. Bis heute ist das so geblieben: Der Goldene Löwe am Ufer der Naab bietet hausmannsköstliche Kunst auf dem Teller – und bildenden Künstlern ein Zuhause auf Zeit.

HANDGESCHRIEBEN

Seit Jahrzehnten schon reicht der Ruf der legendären Bauchstechala des Goldenen Löwen weit über die pittoreske Künstlerkolonie Kallmünz hinaus. Mindestens bis in die bayerische Landeshauptstadt hinein, wo es schon vor Zeiten unter Kennern zum guten Ton gehörte, regelmäßig im Goldenen Löwen zu Gast zu sein und dann vor den Freunden daheim von der eleganten Oberpfälzer Traditionsküche der Wirtsfamilie Luber zu schwärmen. Bauchstechala sind eine Art Schupfnudeln – die Betonung liegt auf „eine Art", denn dafür gibt es so viele Rezepte wie Haushalte. Im Goldenen Löwen werden sie auch gerne ohne Kartoffeln zubereitet, frisch von Hand, wie sich das gehört – und wie alle Speisen, die die Wirtin mit feiner Schrift auf die Tageskarte setzt.

HERAUSGEPUTZT

Der Goldene Löwe zählt zu den festen gastronomischen Größen Bayerns. Nicht nur wird hier das dunkle Oberpfälzer Zoiglbier selbst gebraut, sondern auch die tagesfrische Regionalküche gepflegt. Die weithin geschätzte Kunstsinnigkeit der Wirtsfamilie und die unter Denkmalschutz stehende Einrichtung amalgamieren zu einem unverwechselbaren Milieu, das sich der Treue einer nicht eben kleinen Stammkundschaft sicher ist. Die Stube wirkt wie ein Bistro – die karierten Tischdecken stammen von der Großmutter der Wirtin und lassen sofort ein Daheimgefühl aufsteigen. Trotzdem sollte man bei schönem Wetter unbedingt im Innenhof sitzen, der mit Birnbaum und Kletterrosen derart filmreif herausgeputzt ist, dass er locker für eine Oberpfälzer Pilcher-Interpretation herhalten könnte. Dort speist man eine gepflegte Saisonküche mit französischen Einsprengseln – aus all den guten Dingen, die ringsherum zu Wasser und zu Lande gedeihen.

Gasthof Zum Goldenen Löwen
Alte Regensburger Straße 18, 93183 Kallmünz
Tel.: 09473 380, www.luber-kallmuenz.de
Öffnungszeiten:
Nov.–März Mi.–Sa. 18–24 Uhr und So. 11–14 Uhr,
April–Okt. Mi.–Sa. 18–24 Uhr und So. 11–14 Uhr und 18–24 Uhr, Ruhetage: Mo. und Di.

Mit dem Auto: *Autobahn Regensburg–Nürnberg, Ausfahrt Beratzhausen, von dort über Dallackenried und die B 15 bis Kallmünz.* ***Mit dem Rad:*** *Kallmünz liegt an überregionalen Radrouten wie etwa dem Fünf-Flüsse-Radweg, dem Naab-Altmühl- und dem Naabtal-Radweg.* ***Sehenswürdigkeiten in der Nähe:*** *Künstlerort Kallmünz mit Ateliers einheimischer Maler; Burglengenfeld mit Oberpfälzer Volkskundemuseum; Regensburg.*

Dahoam-Faktor

- Die malerische Seite der Oberpfalz
- Erste Adresse fürs untergärige Zoiglbier

Winkler Bräustüberl

Braugasthof. Brauerei. Gutshofhotel

Eine Weile schon geht es durch den Oberpfälzer Jura, bergauf und wieder runter, Wald und Wiesen, so weit man blickt. Eine gastronomische Überraschung würde man in der Abgeschiedenheit nicht ohne Weiteres vermuten. Und dann: kommt man vor dem schmucken Braugasthof zu stehen. Und spürt sogleich: Hier verspricht es, gut zu werden. Vielleicht sogar sehr gut!

ELEGANTES FLAIR

Grüne Fensterläden vor sahneweißem Putz. Blumenwasserfälle vor den Fenstern: Prächtig sieht das aus. Elegantes Understatement prägt die sensibel restaurierte Fassade. Seit 1428 gibt es den Braugasthof. Das über Jahrhunderte gewachsene Flair zeitgemäß zu interpretieren, gelingt gekonnt. Ausnehmend freundlich auch der Empfang. Kellner und Bedienungen: entspannt auf Zack. Man fühlt sich als Gast aufmerksam wahrgenommen. Das Interieur der Gaststuben: historische Porträts an den Wänden, ein Kamin, feinstes Leinen und frische Blumen auf den Tischen.

FÜRSTENSPEISE

Die nächste Überraschung: Gerichte mit gutbürgerlichem Stammbaum, so ausgezeichnet zubereitet, wie man es sich anderswo öfter, nein, viel öfter wünschen würde. Der Schmorbraten vom Charolais-Rind (aus der Region) mit Buttergemüse und locker-luftigem Serviettenknödel zergeht auf der Zunge; die Soße schmeckt so tief und rund, dass wir um Nachschub bitten – kommt sogleich. Der Krustenbraten vom schwäbisch-hällischen Schwein – so elegant im Geschmack, dass man versteht, warum Schweinebraten früher eine Fürstenspeise war. Der Kartoffelknödel – hausgemacht.
Wer eher ein kleines Dessert genießen möchte, freut sich über das Duett von Nugatparfait mit Espresso. Dazu eine gepflegte Weinauswahl

Im Winkler Bräustüberl gehen Tradition und Eleganz Hand in Hand.

oder einen feinwürzigen, honigfarbenen Kupfer Bock – die hauseigenen Bierspezialitäten reifen in Sherry-, Single-Malt- oder Sauternes-Fässern.

Winkler Bräustüberl
St.-Martin-Straße 6, 92355 Velburg-Lengenfeld
Tel.: 09182 170, www.winkler-braeu.de
Öffnungszeiten Braugasthof: Mo.–Sa. 7–23 Uhr, So. und an Feiertagen 7–22 Uhr

---

Mit dem Auto: *Autobahn Nürnberg–Regensburg, Ausfahrt Lengenfeld-Velburg, von dort auf der Landstraße in westlicher Richtung bis Lengenfeld.* ***Mit dem Rad:*** *Um Velburg verlaufen einige überregionale Radrouten, z. B. der Lauterachtal-Radweg, der Naabtal-Radweg und der an Sehenswürdigkeiten reiche Radweg Tour de Baroque.* ***Ausflugsmöglichkeiten:*** *König-Otto-Tropfsteinhöhle; historische Städte Neumarkt in der Oberpfalz, Burglengenfeld; Kloster Weltenburg.*

Dahoam-Faktor

- Große Bratenkunst in edlen Stuben
- Biergenuss aus feinsten Fässern

Deli. Restaurant. Bar

Denkma(h)l

Die Hauptstadt des Bezirks Niederbayern. Der höchste Backsteinkirchturm der Welt. Baudenkmäler aus der Zeit der Renaissance. Dazu eine Burg, hoch über den Dächern. Nicht zu vergessen: die weltberühmte Landshuter Hochzeit. Was würde man da kulinarisch erwarten? Einen Shootingstar unter den TV-Köchen? Junge Regionalküche mit Herz und Biss? Aber klar doch!

LEIBSPEISEN

Auf so was hat Landshut gewartet: dass da einer kommt und sich in Sachen Esskultur endlich mal was traut. Jahrzehntelang landshuterte die Gastronomie hier behäbig vor sich hin; jenseits des tiefgefrorenen Cordon-bleu-Horizonts tat sich in der weltkulturerbeverdächtigen Stadt nichts Nennenswertes. Bis Tobi kam. Der Stegmann aus The Taste. Gelernter Koch, waschechter Bayer. Einer, der weiß, was er will. Und der das mit Charme und ohne den für Bayern typischen Grant rüberbringt: kompromisslose Frischeküche, die sich an den Jahreszeiten orientiert. Bayerische Leibspeisen mit Anspruch. Gerichte ohne Tamtam. Geschmackssicher. Und natürlich täglich selbst gemacht. Mit dem Besten, was an Zutaten zu haben ist. Und das möglichst aus der Region.

OHNE FIRLEFANZ

Sein neu eröffnetes Restaurant Denkma(h)l liegt gleich neben der Basilika in einem historischen Prachtbürgerhaus. Ein Gastwirtshaus als freundliche Lebensform, in dem man am liebsten den ganzen Abend lang hocken bleiben möchte. Ein ganzes Jahr lang hat Tobi Stegmann seine Lieferanten gesucht, aus der näheren und bisserl weiteren Region. Mit den frischen Zutaten, die sie produzieren, kochen er und sein Team alpin-mediterrane Bistrogerichte ohne Firlefanz. Von charaktervollen Suppen (zum Beispiel einer Sellerie-Birnen-Suppe mit Birnenchutney), selbst gemachter Pasta, raffiniert komponierten Salaten, lockeren Kuchen bis zu den sechsgängigen Überraschungsmenüs (die Gerichte sind auch einzeln bestellbar), bei denen man mit vom Aussterben bedrohten Klassikern wie Spinat mit Spiegelei Wiedersehen feiern kann. Im Denkma(h)l wird daraus gebackenes Ei mit Kartoffelrisotto. Wer gerne einmal Kalbstatar mit Salzzitronen oder Perlhuhn mit Mohngnocchi und die herrliche Weinauswahl genießen möchte, muss nur eines: reservieren.

Denkma(h)l – Deli. Restaurant. Bar
Altstadt 218, 84028 Landshut
Tel.: 0871 43085090, www.denkmahl-landshut.de
Öffnungszeiten: Di.–Do. 18–23 Uhr, Fr. und Sa. 18–1 Uhr, So. 17–23 Uhr, Ruhetag: Mo.

Mit dem Auto: *Autobahn München–Deggendorf, Ausfahrt Landshut-West.* ***Mit dem Rad:*** *Landshut liegt an der Schnittstelle überregionaler Radwege wie dem Isarradweg zur Donau sowie den beiden Routen Isar-Laber-Radweg und Isar-Vils-Radweg.* ***Sehenswürdigkeiten:*** *Stadt Landshut mit Stiftsbasilika St. Martin, Burg Trausnitz, Landshuter Hochzeit.*

Dahoam-Faktor

- Ja, so san's – die Landshuter von heute!
- Historische Altstadt, moderner Genuss

Mei, is'
der guat!

APFELSTRUDEL

mit Rumrosinen und Mandeln

Zutaten für 2 Strudel

Für den Teig: 300 g Mehl | 4 EL Öl | Salz
Für die Füllung: 8 Äpfel (z. B. Boskop oder Braeburn) | Saft von 1 Zitrone
100 g Semmelbrösel | 60 g Zucker | ½ TL Zimtpulver | 80 g Mandelblättchen
70 g Rumrosinen | 50 g zerlassene Butter
Außerdem: etwas Öl zum Bepinseln und für die Form | Mehl zum Verarbeiten
Puderzucker zum Bestäuben

1 Für den Teig das Mehl in eine Schüssel sieben. Das Öl, 1 Prise Salz und nach und nach 150 ml lauwarmes Wasser unterkneten. Etwa 5 Minuten kräftig zu einem elastischen Teig verkneten. Den Teig halbieren und zu Kugeln formen, dünn mit Öl bepinseln und in Frischhaltefolie gewickelt bei Zimmertemperatur etwa 2 Stunden ruhen lassen.

2 Für die Füllung die Äpfel schälen, vierteln, entkernen und in dünne Scheiben oder Stücke schneiden. Mit Zitronensaft beträufeln. Die Semmelbrösel mit dem Zucker und dem Zimt in einer Pfanne unter Rühren anrösten. Die Mandelblättchen in einer Pfanne ohne Fett goldbraun rösten. Äpfel, Mandeln, Rumrosinen und Semmelbrösel in einer großen Schüssel mischen.

3 Den Backofen auf 200°C vorheizen. Einen Strudelteig auf der Arbeitsfläche leicht mit Mehl bestäuben und mit dem Nudelholz auf einem großen bemehlten Tuch (50 x 50 cm) ausrollen. Den Teig vorsichtig über den Handrücken hauchdünn ausziehen und mit etwas zerlassener Butter bestreichen. Die Hälfte der Füllung in einem breiten Streifen auf der Längsseite verteilen, dabei einen etwa 4 cm breiten Rand freilassen. Den Strudel mithilfe des Tuchs aufrollen, die Teigenden nach Belieben abschneiden oder nach unten einklappen. Den Strudel mit der Naht nach unten in eine gefettete tiefe Form legen. Den zweiten Strudel ebenso herstellen.

4 Beide Apfelstrudel mit der übrigen zerlassenen Butter bestreichen und im Ofen auf der mittleren Schiene etwa 35 bis 40 Minuten backen. Die Strudel etwas abkühlen lassen und vor dem Servieren mit Puderzucker bestäuben.

EINFACH EHRLICH, EINFACH GUT

Tobi Stegmanns beste Genussadressen

Nachhaltigkeit ist ein Schlagwort, das oft wie eine Hülse klingt. Aber wenn Menschen dahinterstehen, die mit absolutem Qualitätsanspruch gute Dinge zum Leben produzieren, macht es einfach nur Freude. Ich kenne inzwischen jede Menge Leute, die auf dieser Grundlage landwirtschaften, kochen, brauen und backen – also aus Lebensmitteln im wahrsten Sinne des Wortes Genussmittel machen. Herkunft hat Zukunft!

GASTHOF HUBERWIRT

Hofmark 3, 84568 Pleiskirchen
Tel.: 08635 201, www.huber-wirt.de
Öffnungszeiten: Mi.–So. 11.45–14 Uhr und 17.45–22 Uhr, Ruhetage: Mo. und Di.

Hier steht der Alexander Huber am Herd. Den kenne ich gut. Meine Familie und ich haben jedes Mal eine Riesenvorfreude, wenn wir zu ihm fahren. Er bevorzugt heimische Produkte, verbindet die bodenständige, alpine Traditionsküche mit der Aromatik und Finesse der Sterneküche, ohne Schnickschnack. Er nennt es „Power der Provinzküche". Ich nenne es: großartig.

MICHAEL'S LEITENBERG

Weiherweg 3, 83112 Frasdorf
Tel.: 08052 2224, www.michaels-leitenberg.de
Öffnungszeiten: Fr. u. Sa., Mo. u. Di. ab 17 Uhr, So. u. an Feiertagen 11.30–14 Uhr und ab 17 Uhr, Ruhetage: Mi. u. Do.

Für viele immer noch ein Geheimtipp! Das Michael's liegt ein bisserl abgeschieden, wirkt von außen unscheinbar. Aber innen! Der Michael kocht im früheren Gasthof seiner Großeltern superfrisch und mit hohem Anspruch. Einfach sehr, sehr gut! Man merkt seinen Kreationen eindeutig die Schule von Heinz Winkler an.

LUDWIG

Heilig-Geist-Gasse 401, 84028 Landshut
Tel.: 0871 96641606 (keine Website)
Öffnungszeiten: Di.–Do. 17–23 Uhr, Fr. u. Sa. 17–1 Uhr, Ruhetage: Mo. u. So.

Ich hab gern Bodenhaftung, mag auch Einfaches. Burger zum Beispiel. Aber es müssen natürlich gute sein, nein, besser: sehr gute! Solche wie die vom Ludwig, hier in Landshut, in meiner Nachbarschaft. Echt: Das sind die derzeit besten Burger, die ich so kenne.

MEATINGPOINT BY LUDWIG MAURER

Schergengrub 3, 94371 Rattenberg
Tel.: 09963 943747, www.ludwigmaurer.com

Das Fleisch vom Lucki – und der Lucki selbst: einfach genial! Was er als Rinderzüchter, Fleischpapst, Koch, Landwirt, Gastronom und Autor mit absolutem Qualitätsanspruch aufgebaut hat, ist einfach sensationell. Dem macht in Sachen artgerechter Haltung und zeitgemäßer Fleischqualität so schnell keiner was nach. (Das Fleisch ist unter anderem auch erhältlich bei der Metzgerei Landstorfer in Zandt: www.landstorfer-zandt.de.)

HOFBRÄUHAUS TRAUNSTEIN

Hofgasse 6, 83278 Traunstein, Tel.: 0861 988660
www.hb-ts.de, Brauereiführungszeiten:
Mo., Di., Mi. 11 Uhr, Abendführung: Mo. 18 Uhr

Ich weiß, ich lehne mich jetzt aus dem Fenster. Aber sei's drum! Für mich sind die Biere vom Hofbräuhaus Traunstein einfach die besten der Welt! Das ist eine Brauerei, die für mein Dafürhalten noch wirklich Wert auf altbayerische Biertradition und überliefertes Handwerk legt. Die laufen nicht jedem Biertrend nach. Gut so. Das schmeckt!

GOOD GAMBA – CRUSTANOVA GMBH

Straßäcker 6, 85465 Langenpreising
Tel.: 089 215508811, www.crustanova.com

Diese Indoor-Zucht ist für mich – darunter mach ich's jetzt nicht: die einzige transparent wirtschaftende, ethisch und moralisch vertretbare Herkunftsadresse, wenn es um Garnelen geht. Sie sind mit ihrem unvergleichlichen Geschmack für mich ihr Geld wert.

Denkma(h)l – Deli. Restaurant. Bar
Altstadt 218, 84028 Landshut
Tel.: 0871 43085090, www.denkmahl-landshut.de

Seit TOBI STEGMANN im Jahr 2015 Zweiter in der Sat.1-Kochshow The Taste wurde, geht bei ihm beruflich die Post ab: Der gelernte Koch ist nicht nur regelmäßig bei Galileo auf ProSieben zu sehen. Er veröffentlichte 2017 sein erstes Kochbuch (Rock 'n' Soul Kitchen, ZS Verlag) und eröffnete im selben Jahr sein erstes eigenes Restaurant: das Denkma(h)l in Landshut (s. S. 108/109).

Hotel Sonnengut

Restaurant Hirschstube

Vordergründig lässt sich im Niederbayerischen Bäderdreieck zwischen Bad Griesbach, Bad Birnbach und Bad Füssing natürlich wunderbar abtauchen und Dampf ablassen. Schließlich gibt's hier Thermen und Saunalandschaften zuhauf. Nicht so häufig allerdings sind Adressen, wo man auch in kulinarische Genüsse eintauchen kann.

Im urigen Ambiente der Hirschstube lässt man sich mit gehobener Regionalküche verwöhnen.

WASSERWELLEN

Der Fundort einer solchen Perle darf verraten werden: die Hirschstube im familiengeführten Hotel Sonnengut. Auf der Sonnenseite gelegen, bietet sich vom Hotel aus ein Ausblick auf die idyllische Rottaler Hügellandschaft; schon mancher hat sich dazu hinreißen lassen, die Gegend als niederbayerische Toskana zu bezeichnen. Die holzvertäfelte Eleganz des Mobiliars und die Bauernleinenschönheit der Vorhänge und Sitzpolster machen aufs Angenehmste spürbar, worin der Reiz des Landhausstils liegt: Man fühlt sich darin auf eine wohlerzogene Art grundgemütlich und von Behaglichkeit umhätschelt, was allerdings nur hinhaut, wenn der Stil mit Fingerspitzengefühl ausgeführt wird. Und das ist er hier in jedem Winkel!

SCHWERELOS

Man kann sich kaum Zufriedenstellenderes vorstellen, als sich nach schwerelosen Stunden in den Thermal- und Solewellen des Wellnessbereichs erst in Schale und dann einen Blick auf die verheißungsvolle Speisekarte zu werfen. Wenn man tagsüber im stilvoll gestalteten, gepflegten Spa ausgiebig geplanscht und sich massagemäßig hat durchwalken lassen, kann man beim Zurechtmachen fürs Abendessen durchaus dem Gefühl erliegen, beim Entsteigen aus dem Bade auch das ein oder andere Viertelpfund Körpergewicht in den Wellen zurückgelassen zu haben.

DONAUWALLER

Umso freizügiger darf dann die Wahl der Gerichte fürs Abendessen ausfallen. Die jahreszeitlich geprägte, bayerisch-alpine Kochkunst im Hotel Sonnengut ließe den Gedanken an Askese auch ausgesprochen bizarr wirken: Wer möchte Wildschweintascherl in Nussbutter, Birnbacher Hirschcarpaccio mit Rauchsalz, Essenz vom Rottaler Charolais-Rind, Bauernente mit Waldhonig oder Kalbssteak mit Hagebutten ernsthaft Widerstand leisten? Der Küchenchef lässt sich stets davon inspirieren, was gerade Saison hat, und setzt gern auch seltener gewordene Genüsse auf die Karte, etwa einen Donauwaller, der in Variationen zeigen darf, was er geschmacklich so alles draufhat, zum Beispiel gegrillt mit Apfelkren oder in einem knusprigen

Einfach mal abtauchen und die Seele baumeln lassen in den Heilwasserwellen vom Sonnengut.

Strudelblatt mit Birnen. Bei Zwetschgenröster mit Vanilleeis oder Schokolasagne nimmt man sich dann vor, fürs morgige Wellnessvergnügen eher den Badeanzug als den Bikini zu wählen.

Hotel Sonnengut ****S GmbH & Co. KG
Am Aunhamer Berg 2, 84364 Bad Birnbach
Tel.: 08563 3050, www.sonnengut.de
Öffnungszeiten Restaurant:
Mi.–Fr. 18–21 Uhr, Sa. und So. 12–14 Uhr und 18–21 Uhr, Ruhetage: Mo. und Di.

Mit dem Auto: *Autobahn Passau–Wien, Ausfahrt Pocking, von dort auf der B 388 Richtung Pfarrkirchen bis Bad Birnbach.* ***Mit dem Rad:*** *Bad Birnbach liegt im Dreieck von Rottalradweg, Tauernradweg und Innradweg.* ***Ausflugsmöglichkeiten:*** *Passau, Bad Griesbach, Schärding; „Rottal Terme"; Kloster Fürstenzell.*

Dahoam-Faktor

- Wellness für den Gaumen
- Kulinarische Jagdszenen aus Niederbayern

Zum Einilegn!

DAMPFNUDELN

mit Vanillesoße

Zutaten für 8 Stück

Für den Hefeteig: 250 g Mehl | ½ Würfel Hefe (ca. 21 g)
125 ml lauwarme Milch | 1–2 EL Zucker | etwas abgeriebene Bio-Zitronenschale
1 Ei | 30 g zerlassene Butter | Salz
Für den Kochsud: 30 g Butter | 1 TL Zucker | ca. 150 ml Milch
Für die Vanillesoße: 1 Vanilleschote | 200 ml Milch | 200 g Sahne
50 g Zucker | 4 Eigelb

1 Für den Hefeteig das Mehl in eine Schüssel geben und in die Mitte eine Mulde drücken. Hefe zerbröckeln, in der Milch auflösen, in die Mulde geben und mit etwas Mehl verrühren. Zugedeckt etwa 15 Minuten gehen lassen. Restliche Zutaten und 1 Prise Salz hinzufügen und alles mit den Knethaken des Handrührgeräts etwa 5 Minuten zu einem glatten Teig kneten. Zugedeckt bei Zimmertemperatur etwa 45 Minuten gehen lassen, bis sich sein Volumen verdoppelt hat.

2 Teig in 8 gleich große Portionen teilen, mit den Händen zu Kugeln formen und auf der Arbeitsfläche mit einem Küchentuch bedeckt 15 Minuten gehen lassen.

3 Für den Kochsud Butter, Zucker und Milch in einem weiten Topf (mit durchsichtigem Deckel) erwärmen. Teigkugeln nebeneinander in den Sud setzen und den Deckel auflegen. Langsam zum Kochen bringen und zu Beginn bei mittlerer, dann bei schwacher Hitze etwa 30 Minuten garen, bis der Sud von den Dampfnudeln aufgenommen wurde. Obacht: Während der Garzeit den Deckel nicht abnehmen!

4 Für die Vanillesoße die Vanilleschote längs aufschneiden, das Mark herauskratzen und beides mit Milch, Sahne und Zucker in einem Topf unter Rühren aufkochen. Die Schote entfernen. Die Eigelbe in einer Schüssel verquirlen. Drei Viertel der Vanillesahne nach und nach unter die Eigelbe rühren. Diese Mischung unter Rühren zur restlichen Vanillesahne geben und unter ständigem Rühren erhitzen, bis die Soße leicht andickt. Soße durch ein feines Sieb gießen.

5 Dampfnudeln nach Ende der Garzeit 2 Minuten auf dem ausgeschalteten Herd stehen lassen. Dann den Deckel abnehmen und Dampfnudeln mit Soße servieren.

Orlando di Lasso

Konditorei. Café

Wer Regensburg besucht, den führen die Schritte meist flugs runter zur Donau, zur historischen Wurstkuchl, Bratwürstel essen, mit Kraut. Kann man machen. Weniger bekannt ist, dass gleich hinter dem Dom schon seit mehr als hundert Jahren eine Adresse zu finden ist, die die Zunge tanzen lässt. Musik in den Ohren ist allein schon ihr Name!

HIMMEL IM MUND

Der Komponist Orlando di Lasso, dereinst Hofkapellmeister in München, soll hier gewohnt oder zumindest den Genius loci in Schwingung versetzt haben. Jedenfalls ist das Haus nach ihm benannt. Und die Konditorei darin gleich mit. „Schmeckt wie Himmel im Mund!" steht in schwungvoller Schrift auf der Fensterfront des Cafés. Da haben die Besitzer nicht übertrieben. Man braucht nur einzutreten und den Blick über die Kuchentheke schweifen zu lassen, und man weiß Bescheid: Hier wird nach alten Rezepten gebacken. Feinstes Naschwerk, das man kaum noch zu Gesicht bekommt. Wie Nussbeugerl, Schmalzstriezel, Zitronenroulade mit hausgemachter Weinschaumcreme. Kirschringe. Oder Kolatschen.

GRUNDGÜTIGER!

Der Böhmerwald liegt hier quasi vor der Haustüre, da haben die weltberühmten böhmischen Köchinnen früher ihre weltberühmten böhmischen Zuckerschmankerl aus dem Handgelenk geschüttelt. Diese Tradition hält die Konditorei Orlando di Lasso mit Bravour hoch. Herrlich duftet es hier herinnen schon morgens in der Früh nach Butter und feinstem Backwerk! Nach allen Regeln der Konditorkunst wird hier Filigranes von Hand produziert. So, wie man noch vor Zeiten die handwerkliche Confiserie verstand: nicht pappsüß, sondern zart und elegant. Hier gibt es ihn noch, den einfachen, aber butterfeinen Nusskuchen, Sand-, Rotwein- und Marmorkuchen. Den Schlotfeger, der mit frisch aufgeschlagener Sahne gefüllt wird. Hausgemachtes Eis. Neben einem Frühstück mit allem Drum und Dran bekommt man hier auch noch den Klassiker: Tasse Kaffee, Brötchen, Butter, Marmelade. Das Brötchen ist vom regionalen Bäcker, die Butter aus Sauerrahm, der Kaffee frisch gebrüht. Grundgütiger kann man sich für den Bummel an der schönen bayerischen Donau kaum stärken.

Konditorei-Café Orlando di Lasso
Alter Kornmarkt 2, 93047 Regensburg
Tel.: 0941 51367, www.cafe-orlando-regensburg.de
Öffnungszeiten: Mo.–Sa. 7.30–18 Uhr,
Ruhetage: So. und an Feiertagen

Mit dem Auto: *Autobahn München–Regensburg, Ausfahrt Regensburg-West.* ***Mit dem Rad:*** *In Regensburg kreuzen sich fünf bayerische Hauptradrouten: Donau-Radweg, Falkenstein-Radweg, Naabtal-Radweg, Regental-Radweg und der Radweg Kelheim-Abensberg.* ***Sehenswürdigkeiten:*** *Stadt Regensburg mit Dom; Walhalla in Donaustauf.*

Dahoam-Faktor

- Glanz und Gloria: Kuchengenuss in historischer Kulisse
- Kaffeeklatsch an der schönen weiß-blauen Donau

Zu Gast im Dorf
Hollerhöfe

Gäbe es den Modedrink Hugo nicht, wüssten vielleicht manche nicht, was Holler ist. Es sind die Holler- respektive Holunderblüten, die dem Hugo seinen fruchtig-spritzigen Reiz und seinen frühlingshaften Charme verleihen. Und wer Hugo mag, wird bestimmt auch die Hollerhöfe lieben. Hier hat der Hollerbusch ein außergewöhnliches Zuhause gefunden. Und die Gäste, die hier wohnen, auch.

FERIEN …

Streuobstwiesen, in denen Bienen summen, Hollerbüsche, die im Frühjahr vor Blüten überschäumen und sich in der Hitze des späten Sommers ins Schwarzviolette färben, Kornfelder, ein Fischteich und dazwischen ein vorbildlich restauriertes Ensemble kleinerer Landhäuser, in denen früher mal ein Schuster wohnte und ein Schreiber und natürlich auch Landarbeiter mit ihren Familien – die Hollerhöfe sind ein richtiges kleines Dorf mit Pferdekoppeln und viel hübschem Gegrüne und Geblühe drum herum. Alles sieht hier so dermaßen nach großen Ferien aus, dass man sich wundert, warum die Hollerhöfe nicht gleich Hollerbü heißen, so bilderbuchmäßig wirkt das. Tatsächlich kann man in diesem Idyll Quartier nehmen. Aus dem Dörfchen ist unter der Ägide der Familie Zintl ein komfortables Hoteldorf geworden. Und wer Hotelgast ist, kann sich, wenn er mag, zum Frühstück hausgemachte Holundermarmelade und Hollerlimonade bringen lassen.

… IN HOLLERBÜ

Elisabeth Zintl, die Chefin und sozusagen moderne Frau Holle, ist gelernte Küchenmeisterin und versteht es demzufolge meisterlich, aus den rundum blühenden Kräutern, Früchten und Blüten kulinarische Träume zu kreieren. Sie gibt Kochkurse und stellt aus dem hofeigenen Bio-Holler einen vorzüglichen Holunder Secco her, weiß und rosé. Den gibt's im Holler-Shop in den Höfen zu kaufen, neben anderen Leckereien wie Marmelade oder Holunder-Balsamico. Lässt man den Secco-Korken knallen und atmet den sommerblütenfrischen Duft ein, begreift man, warum der Holunder früher als heilig galt. Er wurde derart verehrt, dass die Männer den Hut ziehen mussten, wenn sie am Hollerbaum vorbeispazierten.

Hollerhöfe Landhaus zum Hirschen
Unterer Markt 35 a, 95478 Waldeck bei Kemnath
Tel.: 09642 704310
www.hollerhoefe.de

Mit dem Auto: *Autobahn Nürnberg–Bayreuth, Ausfahrt Bayreuth-Süd, von dort in südöstlicher Richtung bis Kemnath.* ***Mit dem Rad:*** *Rund um Kemnath-Waldeck verlaufen vier überregionale Radrouten, z. B. der Haidenaab- und Fichtelnaab-Radweg, der Waldnaabtal- und der Fichtelgebirgs-Radweg.* ***Freizeitmöglichkeiten:*** *Drei Naturparks liegen in unmittelbarer Nähe, unter anderem der Steinwald; historische Städte Bayreuth, Windischeschenbach; Ski fahren im Fichtelgebirge.*

Dahoam-Faktor

- Bullerbü in der Oberpfalz
- Holler-Spezialitäten in Bio-Qualität

BaierWeinMuseum

Museum. Feste. Weinlehrpfad

Eines der ältesten Weinanbaugebiete Deutschlands würde man nicht unbedingt in der Oberpfalz vermuten. An der Mosel, ja, auch an Main und Rhein. Aber bei Regensburg? Tatsächlich liegt hier, an den Hängen der Donau, das kleinste Weinanbaugebiet Bayerns. Und natürlich kann man den Wein auch vor Ort verkosten.

WEINSELIGES ...

Hier wurde und wird die für ihre Säure geschätzte Rebsorte Weißer Elbling angebaut. Sie war schon den Römern bekannt, auch die Gallier wussten sie zu schätzen, doch wer von den beiden weinseligen Kulturen sie schlussendlich hierher verpflanzt hat, liegt im Dunkeln der Geschichte. Umso heller erstrahlt heute das süffige Erbe der Rebsorte, zumal an einem sonnigen Tag im Herbst, wenn im BaierWein-Museum das Federweißenfest steigt. Dann werden lange Holztische vor die Rebstöcke geschoben, Brotkörbe und Platten mit Schinken und Zwiebelkuchen üppigst auf den Tischen verteilt, und in den Bechergläsern funkelt milchiggelb der fruchtig spritzige Federweißer. Die Musik spielt dazu, und ein lockerleichtes Südengefühl lässt die Stimmung der von überallher strömenden Feiergäste ins Spätsommerliche gleiten.

... SÜDENGEFÜHL

Das BaierWeinMuseum liegt am Ortseingang von Bach, einem der Weindörfer zwischen Regensburg und Wörth. Man kann hier eine der ältesten Weinpressen Deutschlands aus dem Jahr 1615 besichtigen, sich über den Weinbau in Altbayern schlaumachen, durch die Weinhänge an Müller-Thurgau-, Silvaner-, Kerner- oder Weißer-Elbling-Rebstöcken vorbeispazieren oder auch dem Förderverein, der das Spezialmuseum kuratiert, den Sommer über samstags bei der Weinbergpflege helfen. Da ist jeder willkommen, Mitglied muss man nicht sein. Zum Dank veranstaltet der Verein jedes Jahr im Herbst ein großes Helferfest. Und wer danach Lust verspürt, sich das Südengefühl mit nach Hause zu holen und im heimischen Garten oder auf der Terrasse einen Weinstock zu pflanzen, bucht einfach den Rebschnittkurs, den das Museum jedes Jahr im März kostenlos anbietet.

BaierWeinMuseum
Hauptstraße 1 b, 93090 Bach an der Donau
Tel.: 09403 95020
www.baierwein-museum.de
Öffnungszeiten: Mai–September
jeden So. 13–16 Uhr

Mit dem Auto: *Autobahn Regensburg-Passau, Ausfahrt Wörth an der Donau; dort der Landstraße Richtung Regensburg bis zum Ort Bach folgen.* ***Mit dem Rad:*** *Bach liegt direkt am Donau-Radweg, der über Passau bis Wien führt.*
Ausflugsziele: *Geopfad Tegernheimer Schlucht bei Donaustauf, Walhalla in Donaustauf, Naturpark Oberer Bayerischer Wald, Regensburg, Straubing.*

Dahoam-Faktor

- Bayern in Weinlaune
- Federweißer, Brotzeit und Gesang

Himmel
der Bayern

KAISERSCHMARRN

mit Zwetschgenröster

Zutaten für 4 Personen

Für das Kompott: 500 g Zwetschgen | 70 g Zucker | Saft von ½ Zitrone | Zimtpulver | ½ Vanilleschote | 50 ml Rotwein | 30 ml Portwein | 1 TL Speisestärke
Für den Schmarrn: 30 g Rosinen | 3 EL Rum | 150 g Mehl | ca. 400 ml Milch
Salz | 4 Eier | 50 g Vanillezucker | 50 g Puderzucker | 1 EL Butter | 1 EL Öl
Puderzucker zum Bestäuben

1 Für das Kompott Zwetschgen waschen, vierteln und entsteinen. Mit Zucker, Zitronensaft, 1 Prise Zimt und Vanilleschote in einem Topf mischen. Den Rot- und Portwein dazugießen und zugedeckt 15 bis 20 Minuten weich dünsten. Alles durch ein Sieb in einen kleinen Topf gießen. Die Stärke mit wenig kaltem Wasser glatt rühren. Den Sud aufkochen, Stärke unterrühren und 2 Minuten köcheln lassen. Die Zwetschgen dazugeben und abkühlen lassen.

2 Für den Schmarrn Rosinen in einem Sieb abbrausen und abtropfen lassen. In eine kleine Schüssel geben, mit dem Rum übergießen und 1 Stunde ziehen lassen.

3 Das Mehl mit der Milch in eine Schüssel geben. Mit dem Schneebesen zu einem glatten, nicht zu flüssigen Teig verrühren und 30 Minuten quellen lassen.

4 Ofen auf 180 °C vorheizen. Unter den Teig 1 Prise Salz rühren und den Teig durch ein feines Sieb streichen. Die Eier trennen. Eigelbe mit dem Vanille- und Puderzucker in eine Schüssel geben und mit den Quirlen des Handrührgeräts schaumig rühren. Den Teig dazugeben und alles gut verrühren. Die Eiweiße steif schlagen und den Eischnee mit dem Schneebesen vorsichtig unter den Teig heben.

5 In einer großen ofenfesten Pfanne die Butter und das Öl erhitzen, den Teig hineingeben und die Rumrosinen darauf verteilen. Die Pfanne in den Ofen auf die untere Schiene stellen und den Teig etwa 5 Minuten backen, bis er aufgegangen und leicht goldbraun ist. Wenden und auf der anderen Seite ebenfalls goldbraun backen. Den Kaiserschmarrn mit zwei Gabeln in Stücke reißen, auf Tellern anrichten und mit Puderzucker bestäuben. Den Zwetschgenröster dazu servieren.

Ortsregister

Rezeptregister

Illustrationen Shutterstock:

Cover, Rücken, Rückseite, Umschlagklappe außen hinten: Shtonado;
Umschlagklappe außen vorne: LenLis

Innenteil: S. 39: Artem Twin; S. 8, 16, 22, 28, 34, 54, 62, 66, 72, 80, 94, 102, 110, 116, 124: Gamegfx; S. 48, 49: LenLis; S. 41: OLEG525; S. 40: Liudmila Savushkina;
S. 1, 38: Shtonado; S. 38–41, 48: TabitaZn

Kaiserstraße 14b
D-80801 München

ISBN 978-3-89883-747-7
1. Auflage 2018

Projektleitung: Alexandra Gudzent
Texte: Katja Mutschelknaus
Rezepte: ZS Verlag GmbH
Redaktionelle Mitarbeit & Lektorat: Jutta Friedrich, Edelgard Prinz-Korte
Grafisches Konzept: Ronja Bernhard
Grafische Gestaltung: Georg Feigl
Landkarten Innenklappe vorne und Kapitelaufmacher: Norbert Pautner
Illustrationen: shutterstock (Details siehe S. 127)
Fotos: siehe Bildnachweis
Herstellung & Producing: Jan Russok, Frank Jansen
Druck & Bindung: Lanarepro GmbH, Lana

Die ZS Verlag GmbH ist ein Unternehmen der Edel AG, Hamburg.
www.zsverlag.de | www.facebook.com/zsverlag

Bildnachweis

Umschlag: Außenklappe hinten: Alexander Edler von Raduboj; Innenklappe hinten:
oben links: ZSVerlag/S. Braun, unten links: Jockl Kaiser, Foto: JRE Deutschland, rechts oben: Frank Respondek, rechts Mitte: Derek Henthorn; rechts unten: ZSVerlag/Daniel Sommer

Innenteil: S. 6/7 Fam. Grenzebach; S. 10 Sabine Grosser; S. 12/13 Klaus Kreuzer; S. 14 Gasthof Mairhofer/Mathias Leidgschwendner, S. 18 ZSVerlag/Jan Russok; S. 20 Hotel Jägerhof/Oliver Heimers; S. 25 ZSVerlag/Stefan Braun; S. 26 Markus Bogner; S. 31 Leitzachtaler Ziegenhof/Bernhard Henkelmann; S. 32/33 SLYRS/Julia Schmidt, JUNI; S. 36 Ayinger Bräustüberl; S. 44 Blumenthal; S. 46 Klosterbräuhaus Ursberg GmbH/Axel Weiss, Gersthofen; S. 47 Klosterbräuhaus Ursberg GmbH/Bernd Schramm, Ursberg; S. 50/51 Gasthaus Settele/Melanie Gotschke „DieFotografin"; S. 52/53 Kühners Landhaus/Anne Heider; S. 56 Waldvogel/Rico Grund/Ichenhausen; S. 57 Waldvogel/Stefanie Ihle; S. 59 Jockl Kaiser, Foto: JRE Deutschland; S. 60/61 HUBERTUS Alpin Lodge & Spa/Günter Standl; S. 68 mauritius/Westend61/Gerald Nowak; S. 70/71 Artemisia – Allgäuer Kulturland/Johannes Poll; S. 76 Schloss Dennenlohe/Roland Mimberg; S. 77 Schloss Dennenlohe/Verena Schäfer; S. 78 Gasthof Gentner/Wolfgang Braun; S. 79 Gasthof Gentner/Roberto Bulgrin; S. 82: Flair Hotel Weißes Ross; S. 85 Frank Respondek; S. 86 seasons.agency/Jalag/Schinharl, Michael; S. 88/89 Volker Waltmann/Mile Cindric, Photodesign, Erlangen; S. 91 Derek Henthorn; S. 92 Benediktinerabtei Plankstetten, 92334 Berching/Frater Andreas Schmidt OSB; S. 98/99 Prösslbräu Adlersberg/Werner Götz; S. 100 Kammbräu/Werbefoto Haasz, Christian Haasz; S. 101 Kammbräu/Fotostudio A GbR, Anneliese u. Daniela Blöchinger; S. 104 Zum Goldenen Löwen/Waldtraud und Richard Luber; S. 106 Flair-Hotel Winkler Bräu Privatbrauerei und Gutshofhotel/Ottmar Perras; S. 107 Flair-Hotel Winkler Bräu Privatbrauerei und Gutshofhotel/Felder Werbeagentur; S. 108/110 ZSVerlag/Daniel Sommer; S. 114/115 Hotel Sonnengut/Thomas Haberland; S. 118 Orlando di Lasso/M. Fuchs; S. 120 Hollerhöfe/Elisabeth Zintl/Petra Kellner; S. 122 StockFood/Hendrik Holler

Foodfotos:
ZSVerlag: Stefan Braun S. 110; Julia Hoersch S. 66; Kramp & Gölling S. 8, 22, 28, 34, 62, 94, 116; Jana Liebenstein: S. 16, 102; Jan-Peter Westermann S. 54; StockFood: Eising Studio – Food Photo & Video S. 64, 124; Peter Raider S. 30, 80